JN061071

租税と法の接点

租税実務におけるルール・オブ・ロー

岩田合同法律事務所弁護士
東京大学客員教授
佐藤　修二　著

一般財団法人 大蔵財務協会

はしがき

本書は、法律家の視点から租税の問題を見るとどうなるか、ということを、租税法を専門とする一弁護士である筆者が試みたものです。本書の末尾に引用する金子宏東京大学名誉教授の言葉をお借りすれば、「ルール・オブ・ローと租税法」について、裁判実務と課税当局の実務を比較しながらスケッチしてみた、ということになるかもしれません。

筆者は、令和2年の年明けから12回にわたり、「週刊税のしるべ」で、「租税実務の法化―税務調査における法的視点」と題する連載の機会をいただきました。租税実務の「法化」というキーワードは『税務コンプライアンスのための企業法務戦略』（民事法研究会、2018）の編集・執筆に当たり、税理士の山下貴先生にご示唆いただいたものですが、筆者の別の書籍では、「税務リーガルマインド」という言葉を使ったこともあります（『実務に活かす！税務リーガルマインド』（日本加除出版、2016））。言葉は色々ですが、筆者の一貫してお伝えしたかったことは、税の世界でも、「ルール・オブ・ロー＝法の支配」が着実に浸透しつつある、ということです。

その背景にあるのは、課税当局と納税者との間で、真剣に争われる租税訴訟が質量ともに増加したという現象です。日本国憲法は、租税法律主義を採用しており、租税の問題は終局的には裁判の場で決着がつけられるのがルールです。しかし、現実には、長い間、租税訴訟は低調でした。その状況が、２０００年代に入ってからの20年ほどの間に大きく様変わりし、租税の分野においても、裁判所の統制が及ぶようになりました。

そこで、本書では、近年の裁判所の司法判断、特に、納税者側が勝訴した事例をベースに、租税の問題を法的視点から見たらどうなるか、ということを書いてみることにしました。執筆に当たっては、上記連載をベースにしながら、できるだけわかりやすく、入門書的な読み物となるように努めました。

また、本書は、筆者が、東京大学法科大学院の実務家教員として、法曹実務家を目指す学生の皆さんを受講者として行った、「租税と諸法」、「国際租税法」（東京大学の増井良啓先生との共同）という二つの授業の成果でもあります。

「租税と諸法」の授業は、先に触れた『税務リーガルマインド』を教科書として、法律を知っている学生の皆さんに向けて、法的な観点によって税を見るとどうなるか、ということを伝えようとするものです。その内容は、逆に、税理士の先生方をはじめ、税の実務は知っているが、法律にはあまり触れたことがない、という皆様にとっても、普段見知った租税の実務の世界を、法的に見るとどうなるのかを見るきっかけにもなり得るのではないかと期待しています。

加えて、本書では、第四章に、応用編として、国際租税法に関する章を設けています。これは、「国際租税法」の授業で私が担当した事例研究の枠でお話しした内容を踏まえたものです。一緒に授業を担当する機会をいただき、教材とした判例や授業内容につきコメントをくださった増井良啓先生に感謝いたします。

本書が、「租税と法の接点」として、税に興味のある法律専門家、法的な見方に興味のある税の専門家の皆様方にとって、何某かの意味を有するものになれば幸いです。

令和2年12月

佐藤　修二

目次

序章

租税実務の「法化」

——法律家の見方を租税実務に活かす

1 「法化」とは何か

近時、租税実務の「法化」という現象が見られます。本書の初めに、租税実務の「法化」とはどういうことなのか、ご説明しておきたいと思います。

「法化」という言葉を筆者が初めて耳にしたのは、法学部生として受講した、六本佳平教授による法社会学の講義の場でした。今、六本教授の本を紐解くと、この語は色々な意味に用いられるようですが、[*1]ここでは、少し実務的な観点から、久保利英明弁護士著『法化社会へ日本が変わる』（東洋経済新報社、1997）という本に即して「法化」の意味を見てみることにしたいと思います。

筆者は、この本が刊行された正にその年、幸いにして司法試験に合格し、法曹のスタートラインに立てることになりました。その時に、久保利弁護士の講演でこの書のエッセンスを伺い、感銘を受けたのです。そこで強調されていたのは、「2割司法」という言葉でした。それは、日本では、本来は司法によって解決されるべき物事のうち、2割程度が司法によって解決されているにすぎない、残りの8割は、例えば暴力団によるなど、司法の世界の外で解決されている、ということでした。ところが当時、株主代表訴訟の活性化、四大証券会社（当時）の総会屋事件に対する東京地検特捜部による司直のメスが入る、といった現象によって、徐々に「2割司法」に変化が起き、ものごとが司法の場で解決されることが顕著に増えてきた、というのです。このように、物事が司法によって解決される度合いが高まったという事象をもって、久保利弁護士は「法化」と呼んでいました。正にこの時期は、「日本社会の法化」の黎明期であったといえると思います。

＊1　六本佳平『日本法文化の形成』（放送大学教育振興会、2003）176頁は、争いが処理される実際の過程に着目して、法による処理がなされる（司法化の）度合いが高まることを「法化」と呼んでいるように見える場合があり（久保利弁護士の用法、ひいては本稿の用法は、これに近いと思われます）、また、実定法により規律される範囲が拡大することによって、社会生活の中で実定法によってカバーされている範囲が広がってくる（法制化の）傾向を「法化」と呼ぶ場合もある、としています。ちなみに六本教授自身は、上掲書で、これら二つの意味のいずれでもなく、社会構造に内在する秩序装置が力を失って、争いの当事者を直接に取り巻く人々からなる争い準拠集団の機能が低下し、実定法システムの規範や手続や制裁力によらなければ、争いの有効な解決が困難になっていく傾向を指して、「社会秩序の法化」と呼んでいます。

それから約20年、株主代表訴訟の激増・役員側敗訴事案の増加、M&Aをはじめとする大規模な取引の増加、これらに伴う弁護士事務所の大型化、司法制度改革による弁護士数の増加、といった現象が相俟って、日本社会の「法化」は、健全に進展してきました。

2 租税実務の「法化」

その中で、法化から取り残されたように思われたのが、他ならぬ税の世界です。憲法は、租税の賦課・徴収は法律によるべきとする「租税法律主義」を定めています（84条）。実際に、租税は、所得税法、法人税法といった法律に基づいて賦課・徴収されます。その意味で、税もまた「法律」であることは、昔から変わりはありませんでした。しかし、現実には、租税法が極めて複雑であること、法令のほかにその細目を定める通達の膨大な体系があること、租税法の理解には会計に関する一定の素養が必要であること等から、弁護士や法務担当者にとって、税は、非常に取っ付きにくい領域であったのも事実です。そうしたこともあってか、税の分野は、専ら、課税当局の担当官や、民間では専ら税理士によって担われてきました。しかし、平成も10年代以降、この状況が少しずつ変わり始めたように思います。その背景には、大型租税訴訟の増加がありました。

(1) 本格的な租税訴訟の増加

課税当局の処分を裁判所で争う租税訴訟は、昔から一定数存在していました。しかし、その勝訴率は、行政訴訟一般と同様、極めて低く、提訴する原告自体も、本当に勝訴を目標にするというよりは、政治的な動機達成といったことが背景にあるものも少なからずあったようです。その意味で、税の問題を、法律に基づいて、司法の場で解決しようとする空気は、昭和の時代には、ほとんど皆無でした。

こうした状況を変えたのは、旧興銀訴訟と思われます。旧日本興業銀行が、住専処理に絡む債権放棄の貸倒損失算入の可否を巡って、課税当局と争ったものです。興銀のような日本を代表する金融機関が、敢えて「お国と争う」道を選び、なおかつ、勝訴の結果を得たことは、世間に強烈なインパクトを与えました。このことが、「お上」である課税当局に対しても、ときには争うことを躊躇しない世の中の流れを作ったといえるかと思います。実際にその後、金融取引や国際取引を巡るかなりの大型事件（数十億から数百億、ときには一千億円超に及ぶ金額の事件）が法廷で争われ、しかも納税者側が勝訴していく流れが顕著となりました。

(2) 課税当局の変化—法的観点の重視

こうした大型租税訴訟・さらには国側敗訴事案の増加、その背後にある経済取引の複雑化・国際化とこれに対する課税当局の対応の困難化を背景に、課税当局も、「リーガルの観点」を重視するようになりました。

課税当局の組織には、（国税局によって、「調査審理課」「審理課」などと多少呼び名が異なるようですが）「審理部門」が存在します。審理部門の重要な役割に、更正処分を行うに当たり、更正の内容が、租税法の正しい解釈と、課税要件事実の適正な認定に基づくものであるかをチェックする機能があります。そして、審理部門がこのチェック機能を果たす際には、検討されている更正処分の内容が、将来、訴訟で争われたとしても取り消されることはないか、という観点が重視されるのです。それは課税処分を行ったとしても、後に裁判所で処分が取り消されれば、意味がないからです。訴訟が増加した結果、税務調査において、現場の調査官をリーガル面からバックアップする立場にある審理部門の役割が大きくなったのです。課税が法的に見て正当なものとなっているか、ありていにいえば、「訴訟で勝てるのか」を、審理部門が厳格にチェックするようになりました。

こうして組織内部で審理部門の役割が大きくなったことに加え、課税当局は、民間からも、法律の専門家たる弁護士を受け入れるようになりました。平成20年ころから、東京・大阪・名古屋の各国税局は、任期付公務員の制度を活用して、弁護士を職員として採用するようになったのです。また、国税不服審判所でも、事件を担当する審判官の半数を民間出身者（弁護士・税理士等）とする方針が、時の民主党政権下、平成22年度税制改正に際して打ち出され、弁護士が審判官となる例も増加しました。筆者も、この流れの中で、平成23年～平成26年の間、東京国税不服審判所で審判官を務めました。

課税当局におけるこうした「リーガル重視」の傾向を背景に、税務調査でも、契約書をはじめ、「民商法に基づいて作成された取引文書」を重視する流れが広がりました。以前であれば、課税当局の調査官は、やや極端にいえば、「契約書などは紙切れである。実際に何が行われていたのか、『実態』が大事である」という立場から、契約書などの取引文書の確認を必ずしも重視していなかったようです。しかし、平成10年代~20年代の裁判例で、「課税の前提となる事実は、民商法及び当事者間の契約・合意によって規律される」という考え方がすっかり定着しました。これを受けて、「訴訟で負けない課税処分」を目指す立場から、審理部門の指導の下、税務調査でも、民商法に依拠して作成される契約書等の取引文書に対する注目の度合いが非常に強まりました。

(3) 税理士と弁護士の協働の必要性

こうした中、納税者や、税のプロフェッショナルは、どのように課税当局に対峙していけばよいでしょうか。筆者は、「税務と法務（税理士と弁護士）の協働」がキーであろうと思っています。

租税訴訟で納税者勝訴事例が増えていることから、課税当局も、処分をしたとして、本当に訴訟でも勝てるのか、という点を慎重に検討するようになったといわれます。それだけに、税務調査の過程で、（訴訟を連想させる）弁護士による意見書が提出されると、課税当局の対応は、かなり慎重なものとなるようです。

税務調査で、現場の調査官と口頭で色々やり取りをしていても、埒があかないことがあります。口頭でのやり取りは、後に残るものではなく、審理部門に伝わるかどうかも、わかりません。これに対して、納税者側が、書面によって、法的な議論を構築し、整理して主張を述べると、そうした書面は、審理部門に回付されるようです。とりわけ、弁護士の名義で意見書が出てくると、課税当局も、「話が付かなければ、訴訟になる」という緊張感を持ち、慎重に検討されるようです。筆者の経験上も、弁護士意見書を提出すると、課税当局が主張を取り下げる、というケースが珍しくないところです。

もっとも、一般的にいって、弁護士は、通達や課税実務の細部にわたる詳細な実務知識は、有していないことが多いと思います。租税分野での実務対応のために備えておくべき知識は極めて多く、そのすべてに精通することは、申告業務を行っているわけではない弁護士には、一般的には難しいといえるでしょう。その意味で、税務調査対応においても、実務に精通した税理士の重要性は、今後も変わらないと思われます。税務調査の第一線で対応するのは、基本的に税理士であるべきでしょう。

弁護士は、税務調査が煮詰まり、課税当局と納税者側とで見解が相違するような「論点」が出てきた時点で参加するのが、一番良いのではないかと思います。論点の分析は、法的思考に基づいて行うのが最近の課税当局の傾向であり、それに対抗するには、納税者側も、法的な分析を書面で行うことが有用です。弁護士は、そうした書面を作成する場面で、真価を発揮することができます。税務調査の「後方支援」ともいえるでしょう。前方の税理士と、後方の弁護士との協力関係が、肝要ではないでしょうか。

こうした「税務と法務の協働」を行う上では、税理士の先生方にも、法的思考の基礎を理解しておいていただくことが有用と思われます。本書では、このような観点から、租税実務における法的思考の基礎的部分をご紹介したいと思います。また、本書で述べようとする内容は、税を専門としていない弁護士の方にとっても、法的な思考が税の分野でどのように活きるのか、を理解していただくきっかけになるかとも思います。こうして、税理士、弁護士の双方が協働することに役立つことができれば、と願っています。

次に、項を改めて、税理士と弁護士の協働の前提として、法律家の思考様式の基本である、法的三段論法といわれるものを、ご紹介したいと思います。

(4) 租税実務における法的三段論法

税務調査に来る調査官は、当然ながら、「課税する」(修正申告に応じてもらう、応じなければ更正処分をする)ことを目標にしています。そして、更正処分に当たっては、理由附記を行う必要があります(民主党政権下の国税通則法改正前までは、白色申告に係る更正処分等には理由附記が不要でしたが、現在は、すべての課税処分に理由附記が要求されています。「法の支配」という観点から望ましいことでしょう。)。理由附記に当たっては、法令を「大前提」とし、証拠によって認定された事実を「小前提」として、法令に事実を当てはめて結論を出すという、法的三段論法に従う必要があります。

すなわち、更正通知では、更正の理由として、

「●●の法令によれば△△という点が課税要件となるところ、事実関係を調査した

結果、△△に該当する事実が認められた。したがって、○○円を貴社の所得に加算した」

というように、法令の解釈によれば課税要件はこうである、そして本件では、その課税要件に該当する事実がある、ゆえに所得を加算する、というロジックを、文章で提示することになります。更正処分に当たり、課税当局は、なぜ課税すべきであるのかを、法的三段論法に従って論証する必要があるわけです。このことは、更正処分に納税者が不服であれば、（国税不服審判所等における行政上の不服申立手続を経て）最終的には訴訟で争われ、裁判官は法的三段論法に基づいて判断することを思えば、当然ではあります。課税当局は、裁判官に納得してもらえるような更正の理由を示さなければならないわけです。

これを逆の面から見ますと、納税者が課税当局による更正処分を避けようとすれば、課税当局のストーリーに対抗する自らのストーリーを、これもまた法的三段論法に基づく議論として構築することが、有効です。例えば、

「①〔大前提たる法令の解釈として〕課税当局は、●●の法令について、△△という解釈を示し、▲▲という点が課税要件となるとしている。しかし、●●の法令は、そのようには解釈することができず、××というのが法令の正しい解釈である。②〔小前提たる事実の問題として〕仮に、①における課税当局の法令解釈が正しいと仮定しても、本件では、課税当局が課税要件と主張する△△に該当する事実はない。すなわち、○○のファックス文書によればこうであるし、■■のメールによれば、こうであるから…」

といった主張をするわけです。

従来の税務調査対応は、ともすると、「寄附金だ、そうでなくても交際費だ」「いや、違う」といった、直観的な結論だけを言い合う、押し問答になりがちであったとも聞くことがあります。しかし、「租税実務の法化」という現在の状況の下では、寄附金や交際費に該当するための要件（＝課税要件）が何であるかを特定した上で、課税要件に該当する事実はない、という論証を行うことの方が、有効と思われます。

次章以降で、法的三段論法の具体的内容を少し詳しく見ていきたいと思いますが、その前、序章の最後に、本書の内容上の特徴について、少し述べておきたいと思います。次章以下で述べることは、裁判所の司法判断、すなわち、判例・裁判例[*2]の示すところをベースにしています。

(5) 本書の特徴──判例・裁判例を中心とすること

日本国憲法は、「法を司る権能」たる「司法権」を裁判所に付与しています（憲法76条）すなわち、法の解釈は、最終的には裁判所において行われるのです。

税務専門家の方々は、普段の実務で、国税庁の通達を意識することが多いと思います。その意味では、租税法の解釈は、国税庁の所管するものである、という意識が強いのではないかと思うのです。それは、ある意味では間違っていません。すなわち、国税庁は、租税法の執行機関であり、法令を執行するに当たって、法令の解釈をしなければならず（通達は、国税庁の部内で法令の解釈を統一するためのものです。）、そのような国税庁の解釈は、特に争われない場合には、そのまま世の中に通用することになります。その意味で、普段の租税実務は、国税庁による法令解釈に従って動いていますので、税務実務家が、国税庁が租税法の解釈を所掌すると考えることは、自然でもあります。

しかし、租税法の解釈は、常に一義的に決まるものではなく、納税者は、国税庁の解釈に納得ができないこともあると思います。経済の複雑化に伴って、そのような場面は増えているのではないでしょうか。このように納税者が国税庁の法令解釈に納得ができない場合、税務調査で話がまとまらず、更正処分に至ることもあるでしょう。そして、国税庁の法令解釈に納得のできない納税者は、更正処分の取消しを求めて（行政上の不服申立手続を経由した上で）裁判所に訴えを提起することができます。そうすると、ある租税法の解釈について、国税庁の立場が正当であるのか、納税者の主張が正しいのか、はたまた第三の解釈があり得るのかについて、最終的に判断するのは、裁判所であり、究極的には、最上級審である最高裁判所であるということになります。これが、先ほど述べたように、日本国憲法が、「法を司

＊2　一般に、最上級審である最高裁判所の判決について、後の裁判に先例としての拘束力を持つものとして「判例」、高等裁判所や地方裁判所の判決について、先例としての拘束力まではないものの、裁判事例として後々の裁判に影響を有するものとして「裁判例」と呼ぶことが多いです。詳細は、本章末尾のコラムをご参照下さい。

る権能」たる「司法権」を裁判所に与えていることの意味です。

このように、租税法の解釈について裁判所が最終的な権限を有することは、憲法に基づく基本原理です。そして、それは単なる机上の空論ではなく、現実にも、納税者が課税当局の法令解釈に納得せずに、訴訟を提起する事案が増えてきており、実際に、裁判所の司法判断の積み重ねによって、「判例法としての租税法」がかなりの程度で形成されてきているといえます。本書は、そのような、租税法の分野における判例法の世界をご紹介するものともいえます。それは、筆者が、法廷での訴訟活動にその活動の起源を有する、弁護士であるという特色を活かそうとするものです。逆にいいますと、国税庁による租税法の解釈（通達を中心とするもの）については、既に、税理士の先生方が十分な蓄積を有しておられますから、なかなか、筆者のように申告実務を担当するわけでもない弁護士に、貢献できることはなさそうです。これに対して、法廷での活動や、その結晶ともいえる判例・裁判例の分析・検討ということについては、弁護士に一日の長があるといえるでしょう。そのような「餅は餅屋」という観点から、本書では、「弁護士が見た租税法」の世界をご紹介してみようと考えています。

そういうわけで、本書では、裁判事例に言及しながら話を進めていきます。その際、読者の方が判決の原文に触れてみたい、と思われたときの便宜のために、税務大学校のウェブサイトにある「税務訴訟資料」に掲載されていてネットで簡単に見ることができる判決については、なるべく税務訴訟資料を引用するようにしたいと思います。この税務訴訟資料は、かつては今のようにウェブサイト上で公開されていなかったと思いますが、年月日順に判決が並んでおり、非常に便利なものです。それだけ、課税当局も、租税訴訟の重要性が高まっていることを認識し、広く情報提供をしてくれているのだと思います。

最後に、本書の用語上の特徴についても一言ご説明しておきます。これまでの論述の中では、世の中に定着している「税務」や「税務訴訟」の言葉を、敢えて避け、代わりに、「租税実務」「租税訴訟」という言葉を使ってきました。それは、「税務」という言葉には、法的というよりは簿記・会計的発想に基礎を置く、従来型の実務の印象が伴うためです。租税の問題を法律学の観点から研究する「租税法」の分野を開拓された金子宏東京大学名誉教授の教科書である『租税法』（弘文堂）は、以前から「租税訴訟」という用語を用いており、「租税実務」という言葉についてもも、中里実＝錦織康高「これからの租税実務」（ジュリスト1500号）のような用例があります。些細な点のようですが、言葉もまた、重要であると思います。本書では、「租税法」「租税訴訟」「租税実務」という用語を意識して使うようにしています。

前置きが長くなりました。次章からいよいよ、法的思考の中核ともいえる、法的三段論法について、具体的に見ていきましょう。

コラム　判例・裁判例・裁決例

法律の議論の中でよく現れ、本書でも様々な文脈で言及する判例・裁判例、そして、税の世界に特有の国税不服審判所の裁決例について、簡単にご説明しておきたいと思います。

まず、「判例」という言葉は、広い意味では、裁判所の判断全般を指すものとして使われることがあります。しかし、狭い意味での判例は、最上級審である最高裁判所の過去の判決を指します。この意味での判例については、これに反する下級審裁判所の判決があった場合、最高裁判所に判断を求める上告受理の申立てが可能な事由と位置付けられています（民事訴訟法318条1項、刑事訴訟法405条2号）。したがって、下級審裁判所が、最高裁の判例で示された法解釈と異なる解釈の下に判決を下しても、最高裁で覆されることになりますので、下級審裁判所は、最高裁判例を意識して判決を下すことが通常と思われます。その意味で、最高裁の判例は、わが国の裁判所組織全体に対して、その判断の基準としての拘束力を有しているといえるでしょう。

これに対して、「裁判例」という言葉は、通常、下級審裁判所の判決の事例、という意味で用いられます。裁判例は、最高裁の判例とは異なり、上記のように、法制度上公式の拘束力は有していません。しかし、裁判例もまた、実際の事件の当事者が真剣に争った訴訟の解決として生み出されたものであり、その判断内容には重みがあります。よって、学問上も実務上も、裁判例は重視されています。

では、国税不服審判所の最終判断である「裁決」はどのように位置付けられるでしょうか。これは筆者の個人的な感触ですが、国税不服審判所は、あくまでも行政機関たる国税庁の附属機関であって、純粋な第三者であり、憲法上、法を司る権力として与えられた司法権を担う裁判所とは異なることから、判例・裁判例に比べると、重みにおいて劣る面があることは否めないように思います。ただ、訴訟にまで至る事件と比べると、国税不服審判所に不服申立てがなされる事件の件数は比較的多く、裁決例は、判例・裁判例のカバーしていない分野まで、割合に幅広く存在するように見受けられます。その点で、判例・裁判例が無い分野では、裁決例も、実務上の指針として役立つといえるでしょう。また、国税不服審判所が行政機関の一部であるということは、国税不服審判所の判断が、「行政の最終判断」と位置付けられることをも意味します。このような事情から、筆者の国税審判官としての経験に照らしても、裁決は、課税当局の内部においては、行政組織である課税当局の最終判断として、相応の重みを持って受け止められているようです。その意味で、税務調査や、国税不服審判所における審査請求の場面では、過去の裁決例を援用して議論をすることが有効と思われます。

このように、判例・裁判例・裁決例には各々特色があり、意識して使い分けができると良いでしょう。

第一章

法的三段論法その１：租税法の解釈の基礎

序章の最後に、法令を「大前提」とし、証拠によって認定された事実を「小前提」として、法令に事実を当てはめて結論を出すという法的三段論法の概要をご紹介しました。続く本章では、「大前提」すなわち、法令について、その解釈のあり方を見ていきたいと思います（「小前提」の事実については、次章で取り上げます。）。

1 租税法規の文理解釈の原則

租税法のルールは、極めて細かく書かれてはいるものの、それであっても、具体的な事象に当てはめようとすると、常に明確な内容が読み取れるものではありません。どうしても、法令の意味内容を確定するための、「解釈」という作業が必要になります。それでは、租税法の解釈は、どのように行うべきなのでしょうか。

この点、最高裁は、租税法規は、「文理解釈」、すなわち、規定の文言に沿った解釈を原則とすべきことについて、次のように述べています（最判平成27年7月17日裁判集民事２５０号29頁）。

「憲法は、国民は法律の定めるところにより納税の義務を負うことを定め（30条）、新たに租税を課し又は現行の租税を変更するには、法律又は法律の定める条件によることを必要としており（84条）、それゆえ、課税要件及び租税の賦課徴収の手続は、法律で明確に定めることが必要である…。そして、このような租税法律主義の原則に照らすと、租税法規はみだりに規定の文言を離れて解釈すべきものではない…」

憲法は、課税は法律によるべきものとする租税法律主義を定めています（84条）。租税法律主義の重要な機能として、納税者の予測可能性を確保することがあります。予測可能性を確保するためには、租税法規は、日本語を普通に読める人々が文字通りに読めばそのように理解するであろう、という内容に沿って、解釈・適用される必要があります。これが、租税法規の文理解釈の原則です。

2　文理解釈の原則の限界

このように、租税法規の文理解釈の原則は、課税当局による恣意的な課税を防ぐという点で、重要な意味を有するものです。ただ、文理解釈の原則にこだわりすぎると、結果として、納税者にとって酷な課税に至る場合があります。この点を、事例（最判平成26年12月12日裁判集民事248号165頁）を元に見てみましょう。

本判決の事案を簡略化していえば、次のようなものでした（数字は実際のものとは異なります。）。

(i) 納税者が税額1000万円で相続税の申告をし、納税をした。

(ii) 課税当局が、いや、財産評価が間違っているので、本当は600万円納めればよい、400万円は還付する、とした（減額更正処分と還付）。

(iii) その後課税当局が、この前の600万円というのは間違っていた、800万円だった（増額更正処分）。よって、800万円から600万円を差し引いた残額の200万円について、本来の納付期限に遡って、延滞税の支払を命じた。

本件で、最高裁は、(ii)で税務署が600万円で良いとして、還付までしたのだから、200万円の租税を納税者が払わなかったとしてもやむを得ない、これについて延滞税を払わせたところで、期限までの納税を奨励するとか、他の納税者との公平を図るとかの、延滞税の趣旨は実現されないとして、延滞税は発生しない、との判断を示しました。

この事件では、条文そのものを文字通りに読めば、延滞税が発生してもやむを得ないところでした。しかしながら、税務署が自ら評価の誤りがあったとして、減額更正処分と還付をしていたわけですから、その後、いやそれが間違っていたのだ、延滞税を払え、というのはあまりに納税者に酷であると思われます。裁判所は、そのような実質的な配慮から、条文の文理を乗り越えて、納税者を救ったものです。判決に付された千葉勝美裁判官の補足意見は、課税当局側の主張を通せば不正義をもたらすとまで述べています。

この点、課税当局の側から見れば、課税当局に対しては厳格な文理解釈を徹底せよといいながら、納税者に対しては趣旨に沿った救済的な解釈をするのはいかがなものか、という受け止め方があるかもしれません。しかし、課税当局は大きな人的・物的資源を有する巨大な行政機関であり、そのような組織と一般の納税者を同一の基準で論ずることは、かえって公平を欠くように思われます。筆者としては、課税当局の課税処分の適法性を判断するに当たっては、租税法規の文理解釈の原則を徹底しつつも、文理解釈に固執することによって納税者にとって著しい不合理をもたらすような場合には、文理解釈を離れても納税者を救済する法解釈が行われるべきものと思います。

3 通達の位置づけ

税務の世界においては、通達は、非常に重要なものです。課税当局や税務専門家は、普段の実務では、法令の規定よりも、通達に依拠して仕事をすることが多いかもしれません。

しかしながら、本書のように、法的観点から租税の世界を見る、という立場からは、「通達」は、租税法規ではない、という視点を持っておくことが重要です。

通達は、国税庁長官が発し、国税職員が租税法規を適用する際の解釈基準であり、名宛人はあくまでも国税職員であって、一般の納税者は、通達には縛られません。

もっとも、課税の対象となる経済事象は多様ですので、法律（及びその委任を受けた政省令）で漏れのないルールを設けることは難しい面もあります。それゆえ、現実には、通達が実務上果たす役割は大きく、通達が課税の根拠であるかのような錯覚が、税務専門家には生じがちであるように思います。

しかし、通達が法令ではない以上、少なくとも、法律やその委任を受けた政省令から導けないような納税義務を、通達のみによって課すようなことは、認められません。この点、裁判例にも、課税当局側の課税処分が、法令そのものから根拠づけることができないものであったために、通達や国税庁ＨＰにおける回答事例などの「課税実務」をもって課税の根拠とするかのような主張をした事案で、課税の是非は、法令の解釈によって定まるものであり、通達や課税実務は課税の根拠とならないことを明示したものがあります（東京地判平成24年12月7日税務訴訟資料２６２号順号１２１０８）。この事件は、デリバティブ取引を巡るやや複雑なものですので事案の詳細には立ち入りませんが、判決では、課税当局の主張するような課税が正当であるというならば、国は、法律や政令を制定する際に、それが可能となるようなルールを作ることができたのに、それをしなかった以上、後になって、法律や政令に定められていないルールをもって課税すべきであるといった主張をすることは許されない、とも指摘しています。裁判所として、「課税は法令によってのみ、基礎づけることができる。通達だけでは、課税の根拠にはならない」ということを課税当局に対して戒めるような判決という印象があります。

他方で、通達がそれ自体として課税の根拠とならないということは、納税者にとって不利に働くことがあります。それは、通達をきちんと読んでそれに従って納税対応をしていた場合であっても、その通達の内容が、法令の正しい解釈に沿っていない場合には、後になって、納税者の対応が誤りであったとされる可能性があるということです。実際、非公開会社の株式の譲渡に際しての株式時価算定を、通達の文言に沿った形で算定して申告していた事案につき、それは法令に従った正しい処理ではない（法令に従えば、時価はもっと高い）ということで課税処分を受けた事件があります（最判令和2年3月24日裁判所ウェブサイト掲載）。

この事件で、最高裁は、課税処分を是認しました。最高裁判決に付されている、宇賀克也裁判官の補足意見、宮崎裕子裁判官の補足意見は、通達は、課税当局の職員を拘束するにすぎず、国民一般や裁判所を拘束するものではないこと、それゆえに、通達については、それを常に文言どおりに解釈すべきものであるとはいえず、あくまで、法令そのものの正しい解釈を行う必要があることを述べています。宇賀克也裁判官は、東京大学法学部で行政法を講じた行政法学の権威であり、宮崎裕子裁判官は、著名なタックス・ロイヤーから最高裁判事になられた方で、これらの補足意見は重く受け止めるべきものと思われます。

実は、この事件で、原審の高等裁判所は、納税者は通達に従って税務対応を行うのであり、納税者の予測可能性の観点から、通達は、その文言を尊重して解釈すべきものであるとして、納税者の税務処理を正当と認め、課税処分を取り消す判断をしていました。最高裁は、この高等裁判所の判断を覆したことになります。筆者自身は、実は、高等裁判所の判決を読んだ際に、納税者の立場からすれば、そのとおりだなという感想を持っていたので、最高裁判決には、少し意外な感じを受けたのが正直なところです。しかし、よくよく考えれば、宇賀裁判官、宮崎裁判官の補足意見は法的な整理としてもっともです。ただ、通達に対する納税者の信頼は保護されないのか、という問題が残るように思います。判例では、課税当局が示した公的見解に従って納税を行った場合には、これを「信義則」によって保護する、という考え方が一般論としては認められていますが、その適用要件は厳しく、実際に信義則の適用によって課税処分が取り消された事例は無かったと思います。通達を信頼した納税者をどのように保護していくのかは、残された課題といえるかもしれません。

4 政令・省令の位置づけ

通達のことを述べる際に、「法令」という言葉を使いました。法令とは、法律と政令・省令を合わせて呼ぶときに用いる用語です。租税法律主義（憲法84条）との関係では、課税は、法律そのものか、あるいは、法律の委任に基づいて制定された政令・省令に基づくことが必要とされます。

法律そのものについては、それが課税の根拠となることについて問題が生じることとはほぼ無いのですが（法律が憲法に違反している、という場合には無効になりますが、立法に当たっては、内閣法制局によって憲法への適合性が審査されており、実務上はまず起こり得ない話です。）、政令・省令については、それが「法律の委任の範囲を逸脱していないか」ということが問題となることがあります。もっとも、税制立案当局は、政令・省令が法律の委任の範囲を超えないようにチェックしているはずですので、実務上は、この問題もほとんど起こらないのですが、最近、みなし配当課税に関する法人税法施行令の規定が、一定の場合には法人税法の委任の範囲を逸脱しており、無効であるという判決が出たことがあります（東京地判平成29年12月6日税務訴訟資料２６７号順号１３０９５）。実は、筆者自身も、これは珍しい判決だなと思って強い印象を受けたものですから、「法人税法施行令を違法・無効とする判決の衝撃」というタイトルでこの判決を紹介する論考を書きました（税務弘報２０１８年９月号所収）。この事案は、みなし配当というテクニカルな事象に関わる複雑なものですので、詳細は税務弘報の論考などを見ていただきたいのですが、大まかにいえば、資本剰余金を原資とする配当についての法人税法施行令の規定が、一定の場合には、資本の性質を有するお金をもとでとして支払われた配当について、利益が払い出されたものとして課税する結果となることが、資本と利益を区別している法人税法による委任の範囲を超えるもので、違法・無効としたものです。

先ほど、通達はそれ自体としては課税の根拠とならない、ということを見ましたが、通達よりは、法的ルールの階層上は上のレベルにある政令・省令の規定もまた、それ単独では課税の根拠とはなり得ず、あくまで法律に基づき、法律の委任の範囲を逸脱しない限りでのみ、課税の根拠となり得るわけです。最近の裁判所は、このようなことも判示するようになっており、それだけ、憲法の定める租税法律主義の観点が、裁判例の世界に深く浸透していることを感じさせられた事例でした。

5 私法との関係①――借用概念の解釈

次に、借用概念の解釈のあり方という、これもまた重要な原則について触れておきたいと思います。

租税法で使われる概念のうち、他の法分野から借用したものを、「借用概念」と呼んでいます。判例上、借用概念は、借用元の法分野における意義と同様に解すべきものとされています。その趣旨は、法的安定性・予測可能性の確保という点にあります。

例えば、次の事例（東京地判平成28年11月30日判例タイムズ1441号100頁）を見てみましょう。

〈図：分割状況〉

本件土地１	本件土地２	本件土地３
→X単独所有	→Bに売却して代金山分け	→A単独所有

XとAは、相続により共有していた土地を、３つの土地（以下、各々「土地1」、「土地2」及び「土地3」といいます。）に分筆しました。土地1と土地3は、土地2を真ん中に挟んでおり、両者に接する部分はありません。両名は、土地2をBに売却して代金を山分けしました。また、土地1はXの単独所有、土地3はAの単独所有とすることとし、互いに持分を移転しました。課税当局（東京都）は、Xによる土地1に係るAの持分の取得につき、不動産取得税を課税しました。Xは、課税を不服として提訴しました。

不動産取得税は、「共有物の分割による不動産の取得（当該不動産の取得者の分割前の当該共有物に係る持分の割合を超える部分の取得を除く。）」については、非課税とされています（地方税法73条の7第2号の3）。そこで、先に述べたXによるAの持分の取得が「共有物の分割」による取得に当たるかが問題となりました。

総務省の通達は、複数の土地を一体として分割の対象とする場合、分割対象の土地が隣り合っている場合にのみ、非課税規定の適用を認めています。ところが、土地1と土地3は、隣り合っていません。そこで、東京都は、非課税規定の適用はないとして課税処分をしました。しかし、裁判所は、処分を取り消したのです。

判決の概要は、以下のとおりです。

まず、裁判所は、本件の非課税規定にいう「共有物の分割」の意義は、地方税法その他の関係法令において特段の定めがされておらず、民法上の共有物の分割と同義のものと解されるものとしました。そして、民法256条1項にいう「共有物の分割」には、①共有物を持分割合に応じて物理的に分割する現物分割、②共有物を売却してその売得金を分割する代金分割、③共有物を特定の共有者に帰属させ、この者から他の者に対して持分の価格を賠償させる価格賠償の3つの方法があり、そのうちどの方法を採るかは共有者が自由に定めることができるものと一般に理解されていることを判示しました。更に、本件の非課税規定が新設された当時には、既に、最高裁判決（最判昭和62年4月22日民集41巻3号408頁。ちなみにこれは、森林の分割を制限する森林法の規定を違憲とした著名な判決でもあります。）で、民法２５８条の規定による裁判上の「共有物の分割」につき、分割の対象となる共有物が多数の不動産である場合には、これらの不動産が数か所に分かれて存在するときでも、これらの不動産を一括して分割の対象とし、分割後のそれぞれの部分を各共有者の単独所有とすることも、現物分割の方法として許されるものであることが明らかにされていたと指摘しました。したがって、本件のように、共有物である複数の不動産を一括して分割の対象とし、現物分割、代金分割及び価格賠償の各種方法を適宜織り交ぜて行われる共有物の分割も、非課税規定にいう「共有物の分割」に含まれる、としたわけです。

要するに判決は、「共有物の分割」については、地方税法には定義規定がないので、これは民法から借りてきた借用概念であり、そうである以上、借用元である民法の分野で最高裁判決が示している意味と同様に解釈すべきである、としたわけです。

実は、租税法には、租税法が独自に使用している概念よりも、借用概念の方が多いといってよいかもしれません。その意味で、課税関係の確認に当たり、民商法の知識も必要となることがあります。税理士をはじめとする税務の専門家は、民商法の詳細にまで知り尽くすことは難しいと思われます。そのようなときには、民商法の専門家である弁護士と協働して対応すべきでしょう。

ところで、本件での課税当局の主張は、総務省の通達である「地方税法の施行に関する取扱いについて（道府県税関係）」（平成22年4月1日総税都第16号総務大臣通知））の第5章第1・5の2(2)の内容に沿ったものであったにもかかわらず、裁判所の容れるところとなりませんでした。

総務省の通達が持つ実務上の重みに鑑みれば、課税当局の行った主張も理解できないわけではありません。しかしながら、本章の3で述べたとおり、通達は、行政組織内部において拘束力を有するにすぎず、通達の定める内容が、法の正しい解釈（法の正しい解釈が何であるかは、最終的には、日本国憲法により「法を司る権能」である司法権を付与された裁判所、とりわけ最高裁判所の決するものです。）と、常に一致するものではないことは、改めて確認しておきたいところです。

6 私法との関係②――課税は私法上の法律関係を前提としていること

租税法と私法との関係について留意しておきたい事項としては、既にご説明した借用概念のほかに、「課税は、私法上の法律関係に即して行われるべきである」という考え方があります。すなわち、課税の対象である経済活動ないし経済現象は、第一次的には私法によって規律されているところ、課税は、租税法律主義の目的である法的安定性を確保するという観点から、原則として私法上の法律関係に即して行われるべきである、ということです。

この点について、裁判事例をもとにご説明してみましょう（東京地判平成26年２月18日税務訴訟資料２６４号順号１２４１１）。この事件は、岡本倶楽部という会員制リゾートクラブを運営する会社が詐欺的な勧誘を行ったということで、組織犯罪対策法による処罰がされ、会社自体も破産したもので、広く報道もされた事件です。その中で、世間一般の注目は集めませんでしたが、実は、消費税の取扱いが問題になり、破産管財人が租税訴訟を提起していました。

すなわち、「岡本倶楽部」を主宰していた破産会社は、岡本倶楽部に入会した会員から入会時に収受した金員の一部（同金員のうち、預託金として返還することとされている部分を除いた残りの部分。以下「本件金員」といいます。）は課税資産の譲渡等の対価に該当するとして、課税当局から、消費税に係る課税処分を受けました。これに対し、破産会社の破産管財人である原告が、本件金員の収受は消費税の課税されない取引であるから、課税処分は違法であるとして、その取消しを求めたのが本件です。

争点は、本件金員は何に対する対価であるか（本件金員の収受は、消費税法2条1項8号所定の「資産の譲渡等」に当たるか）でした。課税実務上は、会員制組織に入会する際に支払われる「入会金」は、特段の事情がない限り、当該組織の会員資格に伴う種々の利益の供与を受けることを目的として支払われるものであるとして、入会金の収受は、「資産の譲渡等」に該当するものとされています（消費税法基本通達5—5—5）。これは通達で定められたルールではありますが、その内容は、法令の解釈としても問題は無いものと思われます。そこで、本件では、本件金員が、「入会金」であるかが問題となりました。

裁判所は、この点に関する判断基準を、次のとおり示しました。

「課税の対象である経済活動ないし経済現象は、第一次的には私法によって規律されているところ、課税は、租税法律主義の目的である法的安定性を確保するという観点から、原則として私法上の法律関係に即して行われるべきである。そして、本件金員は、岡本倶楽部の会員になろうとする者が、本件入会契約に基づき、本件破産会社に対して支払うものであるから、本件金員が何に対する対価であるかについては、本件各会員及び本件破産会社の両者を規律している本件入会契約の解釈によって定まるというべきである。さらに、本件破産会社及び本件各会員が、本件入会契約について、本件契約書を作成していることに鑑みれば、本件入会契約の解釈は、原則として、本件契約書の解釈を通じて行われるべきものであるが、その際、本件入会契約の前提とされていた了解事項（共通認識）や本件破産会社による勧誘時の説明内容といった、本件入会契約の締結に至る経緯等の事情をも総合的に考慮して判断する必要があるというべきである。」（傍線は筆者によるものです）。

この判断基準に従って、事実関係を検討した結果、裁判所は、本件金員は、会員資格に伴う種々の利益の対価としての「入会金」ではなく、会社が発行していた1

ポイント当たり1円の価値を持つ宿泊ポイントの対価であると認定し、これは消費税法別表第1第4号ハの「物品切手等」の対価であり、消費税の課税されない取引であると判断しました。物品切手等とは、「物品切手（商品券その他名称のいかんを問わず、物品の給付請求権を表彰する証書をいい、郵便切手類に該当するものを除く。）その他これに類するものとして政令で定めるもの」をいいます（消費税法別表第1第4号ハ）。大雑把にいえば、商品券をイメージすればよいでしょう。

本判決からは、以下のようないくつかの重要な点を学ぶことができます。それは、①課税は、私法上の法律関係に即して行われるべきこと、②私法上の法律関係を決定するのは、多くの場合、関係当事者間の「契約」であり、契約の解釈が問題になることが多いこと、③契約の解釈は、契約の内容を書面に表現した「契約書」が基本となること、④（特に契約書の内容が必ずしも明確ではない場合に）契約書以外に、当事者間の共通認識等の周辺事情も考慮されること、です。このうち①の点は、租税法の学説上も通説的な考え方であり、本判決の表現自体も、通説を代表する金子宏東京大学名誉教授の教科書の表現を、ほぼそのまま再現したものとなっています。[*3] ①～④のうち、租税法の解釈を論じてきた第一章の段階で押さえておきたいのは、この①の点です。

②〜④の点は、第二章で取り上げる事実認定に関係しますので、第二章で事実認定についてご説明した後で、改めて本判決に戻ってきたいと思いますが、エッセンスだけあらかじめ申し上げておくと、次のとおりです。

納税者の中でも特に企業に対する課税を考えた場合、企業間取引（いわゆるB to B）、対消費者取引（いわゆるB to C）のいずれにおいても、契約書が交わされることが多いといえます。そのような場合、課税は、契約書によって定まる当事者間の法律関係に則って行われるべきことになります。しかし、契約書の規定が必ずしも整っておらず、明確な解釈ができないということも、往々にしてあります（本件でも、本件金員が入会金であるのかどうかが、契約書自体からははっきりしませんでした。）。そのような場合には、諸事情を総合考慮して、当事者間が「合意」した内容が何であったかが探求されることになるのです。

さて、こうして、租税法の文理解釈の原則とその例外から始め、政省令や通達の

＊3　金子宏『租税法〔第23版〕』（弘文堂、２０１９）１２９頁。

位置づけを眺めて、私法との関係も見ることができ、租税法の解釈の基本については、おおよそ重要な事項を押さえていただくことができたと思います。そこで、次章では、「法的三段論法その2」ということで、法的三段論法における「小前提」である事実認定について、いくつかの勘所をご説明していきたいと思います。その際、ちょうど契約書の話になりましたので、事実認定における契約書の重要性、ということから始めていこうと思います。

第二章

法的三段論法その2：租税法における事実認定の勘所

序章でご説明したように、課税当局が更正処分を行うためには、法令の定める課税要件事実を充足する必要があります。それには、第一に、法令の解釈によって、個々の課税の類型（例：寄附金、交際費等）における、課税要件事実は何であるかを特定することが必要となります。たとえば、寄附金課税であれば、寄附金に該当するための要件を具体的に特定する必要があります（次の第三章で、いくつかの典型的な課税類型について、課税要件がどのように特定されるかを検討します。）。その上で、第二に、契約書をはじめとする「証拠」によって事実を認定し、認定された事実を課税要件に当てはめて、「課税する」という結論を導くことになります。

第一章では、上記の「大前提」に当たる「法令」の解釈について、いくつかの原則的ルールをご紹介しました。

続く本章では、法的三段論法の「小前提」に当たる「事実」の認定について検討したいと思います。

1　事実認定とは何か

そもそも、「事実認定」とはどういうことでしょうか。

法的三段論法では、法令に事実を当てはめて結論を出す、と一口にいいますが、（法令についても、その意味が明確でない場面も多く、「解釈」が必要となるように）事実は、何もしなくともただそこに用意されている、というものではありません。租税法における法的な判断に当たって必要となる事実は、過去の出来事に関するものであり、過去にどのようなことが起こったかについて、各種の書面や、人々の証言等の「証拠」によって、「見出していく」必要があります。このように、証拠によって事実を見出していくことが、事実認定という作用です。

このような事実認定を具体的に行うための技術は、かなり専門的なものであり、裁判官や弁護士のような法曹は、司法試験合格後に行われる司法修習で、これをみっちり叩き込まれます。それだけに、事実認定の手法のすべてをここでお伝えすることは難しいので、ここでは、特に租税法の分野で重要と思われる事実認定のルールをピックアップして、ご紹介していきたいと思います。

2 契約書の重要性―処分証書の法理

租税法の分野における事実認定において契約書の果たす役割は、極めて大きいものです。それはなぜかといえば、民事訴訟における事実認定のルールの一つに、「処分証書の法理」というものが存在するからです。「処分証書」とは、簡単にいえば、その書面自体によって、当事者が法律関係を発生させようとするもののことをいい、その典型は、契約書です（契約書以外では、例えば遺言書などがこれに当たります。）。そして、真正な処分証書が存在する場合、処分証書の内容どおりの法律関係の成立を認める、というのが「処分証書の法理」です。つまり、契約書が、偽造等によらずに真正に成立したものである場合、契約書に記載されたとおりの法律関係の存在が、裁判上認定されることになります。

このことを、二件の裁判例をもとに説明します。

一つ目の事件は、航空機リースに関する裁判例です（名古屋高判平成17年10月27

日税務訴訟資料２５５号順号１０１８０）。

この事件では、複数の個人が民法上の組合契約を組成し、節税効果を有する航空機リース事業が行われていました。節税効果のポイントは、航空機の減価償却費を、組合員である個人が計上し、事業所得等と損益通算することにありました。

課税当局は、かかる節税効果を否定するため、組合契約と称するものの実態は単なる利益配当のための契約であり、組合契約ではない、それゆえ、減価償却費は、組合員と称される個々人には帰属しない、という理屈で課税処分をしました。しかし、裁判所は、契約の性質決定は、契約書の規定内容に則して行うべきであり、契約書に従えば、本件の契約は組合契約であると判断して、課税処分を取り消したのです。

二つ目は、日本ガイダント事件（東京高判平成19年6月28日判例時報１９８５号23頁）です。事案は、オランダ法人が日本法人に対して匿名組合契約に基づく匿名組合出資を行い、出資に基づく分配金を、日蘭租税条約に基づき、日本での源泉徴収なしに受領し、申告もしていなかったところ、課税当局がこれを否認し、オランダ法人に課税処分（そもそも申告をしていなかったので、申告内容を変更する「更正」ではなく、新たに課税を行う「決定」の処分）をしたというものです。事案はやや複雑ですので詳細は割愛しますが、課税当局は、オランダ法人から日本法人への出資に係る契約は、匿名組合契約であると称されているが、実態はそうではなく、当事者の真実の意思に基づけば、これは民法上の組合契約であるとの主張をしました。しかしながら、裁判所は、課税当局の主張を認めませんでした。それには、本件における契約書は、課税当局が場合によっては否認に動くことをも予想して、極めて精緻に、匿名組合契約であることが疑いようもないように作られていた、ということが反映していたようです。その意味では、税負担を軽減する目的があった上で作られた契約書でもあるのですが、逆に税負担を確実に軽減させようという目的があったことこそがむしろ、当事者間の意思は、税負担軽減目的を実現し得る匿名組合契約を締結することにあった、という判断すらなされています。

これらの事件での課税処分に見られるように、伝統的に、課税当局は、契約書をあまり重視せず、「実態」に基づく課税が大事である、とする「実質課税」の主張を行う傾向がありました。ところが、ここ20年ほどの裁判例は、課税は、私法に基づく契約関係に依拠して行われるべきである、という点を強調しています。それはすなわち、課税当局の、「実態」なるものに基づく主張には、与しないということです（実際、課税当局が、契約書を離れて「実態」と呼ぶものは、法律家の眼からみれば何を指しているのかが不明なことも多いという実情があります。）。その背景には、経済取引は契約書に基づいて行われますから、契約書の内容を無視した「実態」なるものを持ち込むと、納税者の予測可能性を害する、という考慮があるといえるでしょう。近時は、課税当局も裁判例の傾向を踏まえて、税務調査でも、契約書重視の方向に舵を切ったように思われます。

ただ、一つ注意しておきたいのは、このことは常に納税者に有利に働くわけではないということです。といいますのは、納税者も、事前に深く検討をせずに契約書を締結してしまうと、税務調査において、「契約書の記載はともかく、実態はこうであった」という主張をしても、通らないことになります。それゆえ、企業や個人は、契約書を締結する前には、その内容を慎重に検討する必要があります。契約書のドラフトやレビューは、法律家の日常的な業務の一つです。会社では、法務部門などの法律の専門家、外部のアドバイザーであれば、弁護士に、契約書の事前のチェックを依頼することが重要といえるでしょう。

3 「黙示の合意」の認定――しっかりした契約書が無い場合

ここまで述べましたように、「契約書があれば、そこに書かれたとおりに事実を認定する」というルールが裁判上認められており、税務調査も、最近はそのような考え方に基づいて行われていると見られます。

しかしながら、筆者の経験上も、実際のビジネスの世界では、いつも契約書がしっかりと整っている、というわけでもないように思います。特に、「身内」であるグループ内の子会社や関連会社との取引については、契約書を結ばずに、ファックスやメール等のやり取りだけで取引をしている、ということがままあるように思います。その感覚は、分からないわけではないのですが、税務の専門家であれば、税務調査で問題になりやすいのは、むしろ「身内」との取引である、ということをご存知であると思います。それゆえに、グループ内の取引について契約書が整っていないことが、税務調査で痛い目に遭う原因になることがあります。

ここでも、二件の裁判例を見てみたいと思います。

(1) 親子会社間寄附金事件

一つ目は、親子会社間の金銭のやり取りが、寄附金であるとされて課税処分を受けた事件です（東京地判平成26年1月24日税務訴訟資料２６４号順号１２３９４）。この事件では、ハウスメーカーである親会社と、親会社内部にあった住宅用建材の製造部門を分社化して設立された１００％子会社との間の取引関係が問題とされました。

子会社は、元々が親会社の製造部門でしたので、製造する建材は、そのすべてを親会社が買い取っており、外部への販売はしていませんでした。裁判所の認定したところによれば、両者間の取引では、期初に暫定的に販売単価を設定し、期末に、取引にまつわる諸々の状況を勘案して改めて単価を決定して、期初に決定した価格と期末に決定した価格との差額については、期末に調整をし、もらい過ぎていた場合には、子会社が親会社に売上値引を行っていました。このように聞けば、特に変わったところはない取引のように思われるかもしれません。

しかしながら、課税当局は、期末に行われた売上値引は、理由のないものであり、寄附金（法人税法37条）に該当するとして、課税処分を行いました。最終的には、裁判で争った結果、親子会社間では、期末に決定される単価が最終単価であると合意されている、という認定がされて、それゆえに、売上値引は、かかる親子会社間の合意に基づくものであり、寄附金には該当しないという判断がなされました。それではなぜ裁判にまでなってしまったかというと、判決を読む限り、どうも、親子会社間の合意が、契約書などの書面にきちんと落とされていなかったのではないかと思われるのです。つまり、もしも、親子会社間で、「販売単価は、期初に仮価格を設定し、期末に生産数量等を勘案して最終単価を決定する」といったことが契約書できちんと定められていれば、課税当局も、そもそも「売上値引は理由のないものだ！」などと考えることはなかったように思われます。先ほど述べたように、親子会社間では、身内の気安さもあって、契約書をそれほどきちんと作らない傾向があるようです。しかし、備えあれば憂いなし、やはり、税金の面から見て問題が起こりそうな場合には、身内であっても、契約書はきちんと整備しておきたいものです。

ところで、本件では整備された契約書は無かったようですが、それでは、裁判所は、どうやって、期末の単価が最終単価であるという親子会社間の合意を認定したのでしょうか。それこそが、「黙示の合意の認定」です。

先ほど、契約書があれば契約書どおりに事実を認定する、という裁判上のルールを述べました。しかし、税金の事件に限らず、裁判所に持ち込まれる事件の中には、契約書などの書面がきちんと残っていないケースの方が、むしろ多いくらいかもしれません。書面がきちんとしていないからこそ、争いになるということもできるでしょう。では、そのような場合、裁判所は、どのようにして紛争を解決するでしょうか。その際の手法の一つが、黙示の合意の認定といわれるものです。わが国の民法では、契約は、契約書などの書面が無くても、口頭での約束だけで成立するものとされています。そうすると、契約書がなくとも、当事者間のファックスやメールによるやり取りなどが残っていれば、それらから垣間見ることのできる当事者間の意思を総合して、「当事者間では、明示的には契約書等は作成していないが、黙示的に、こういう合意があった」という認定をすることが可能になります。これが黙示の合意の認定です。

先ほどの事件でも、親子会社間での各種のやり取りを、残っていた断片的な資料を総合して検討し、期末に決定される単価が最終単価である、という合意が認定されました。そのように裁判所に認定してもらうためには、原告自身に加え、実際にはおそらく、訴訟代理人である弁護士が、資料の収集に尽力したものと思われます。書面が整っていない、というケースでこそ、裁判所による黙示の合意の認定の実際のあり方に通暁した弁護士の力量が、遺憾なく発揮されるといえるでしょう。

(2) 岡本倶楽部事件

二件目は、第一章の最後でも取り上げた、岡本倶楽部の事件です。第一章では、租税法と私法との関係、という租税法の解釈のあり方という文脈で触れましたが、黙示の合意の認定という意味でも重要な裁判例であり、重複は避けつつ、改めて取り上げてみたいと思います。本件は、岡本倶楽部という会員制のリゾートクラブへの入会に当たって支払われた金銭が、消費税の課税対象となる「入会金」に該当するのかどうかが争われた事件でした（東京地判平成26年2月18日税務訴訟資料264号順号12412）。

ちなみに、この岡本倶楽部は、元々は老舗の旅館であったのが、この当時は、詐欺的な勧誘行為を行う集団となっていたようで、組織犯罪処罰法の適用により摘発を受け、法人も破産するに至りました。本件は、破産の後に、破産管財人に就任した弁護士が原告となって提起したものです。訴訟提起の動機としては、訴訟によって消費税の課税処分を取り消してもらうことができれば、その分のお金を、詐欺の被害者の人々に破産手続により分配し、救済することができる、という事情があったのではないかと思われます。

さて、本題に戻りましょう。消費税法において、入会金は、どのように位置づけられているでしょうか。通達では、会員制組織に入会する際に支払われる「入会金」は、特段の事情がない限り、当該組織の会員資格に伴う種々の利益の供与を受けることを目的として支払われるものであるから、入会金の収受は、消費税法4条1項の定める「資産の譲渡等」に該当するものとされています（消費税法基本通達5―5―5）。第一章で述べましたように、通達は、それ自体が課税の根拠となるものではありません。しかし、通達の内容が法令に合致していると思われる場合には、通達の内容が正しい法の解釈を示すものと考えて良いでしょう。実際には、ほとんどの通達の規定は法の正しい解釈に合致しているものと思われ、先ほどの、入会金の収受が消費税法上の「資産の譲渡等」に該当するものとする通達も、法の正しい解釈に合致するものと考えられます。

そこで、本件では、岡本倶楽部に入会する際に支払われた金銭が、入会金であったのかどうかを、どのように認定していくのかが問題となります。この点について、判決文のポイントとなる箇所は、第一章で引用しましたので、そちらを参照いただきたいのですが、重要な点は、以下の三つです。

第一に、課税は、私法上の法律関係を前提として行われるべきものであるという原則を宣言しました。これは、第一章で述べた点です。

第二に、このような私法上の法律関係の認定は、契約書の内容を基本として行うべきであると述べています。これは、先ほど本章の2で、航空機リース事件や日本ガイダント事件を取り上げて説明したとおりです。

第三に、さはさりながら、私法上の法律関係の認定に当たっては、契約書のみではなく、当事者間の了解事項・共通認識や、入会に当たっての説明内容なども総合考慮すべきであると述べました。これは、先ほど、親子会社間の売上値引が寄附金に該当するとして課税された事件において説明した「黙示の合意の認定」に関するものといえるでしょう。この事件でも、入会に係る契約書の内容を見ただけでは、入会に当たって支払われたお金が果たして入会金であるのか、それとも別の意味のお金であるのか、はっきりと分からない状態にあったようです。それゆえに、裁判所は、黙示の合意の認定をする必要があったのでしょう。

以上の考え方を前提に、裁判所は、各種事情を総合勘案すると、本件金員は、会員資格に伴う種々の利益の対価としての「入会金」ではなく、会社が発行していた1ポイント当たり1円の価値を持つ宿泊ポイントの対価であると認定し、これは消費税法別表第1第4号ハの「物品切手等」の対価であり、消費税の課税されない取引であると判断しました。

⑶　まとめ

以上、親子会社間寄附金事件、岡本倶楽部事件を通じて見たように、契約書が必ずしも整備されたものとなっておらず、契約書だけでは当事者間の法律関係の認定が出来ない場合、裁判所は、諸事情を総合勘案の上、黙示の合意の認定を行います。これは、法曹のお家芸のようなものといえましょう。税務調査で、契約書にははっきり書いていなかったが、当事者としてはこういうことを意図していたのだ、ということを課税当局に対して主張したい場合には、法曹の一員としてこのような黙示の合意の認定のスキルに精通した、弁護士の力を借りるのが良い結果を生むように思われる次第です。

4 立証責任という考え方

ここで、少し毛色の違う話ですが、裁判における立証責任という考え方について、触れておきたいと思います。

訴訟上、立証責任を負う一方当事者は、ある事実の存在・不存在を証拠によって十分に基礎づけることができなかった場合、敗訴判決を受けることになります。そして、租税訴訟の場合には、立証責任は、原則として、課税当局側が負担するものと解されています。それは、課税処分が、法律に基づく行政処分として行われ、また、相手方の財産を奪っていくものであるために、処分を行う課税当局の側が、それが法律に適合した処分であり、財産の強制的な国家への移転という結果も甘受せざるを得ないことを立証すべきである、という考え方によるものです。裁判例においては、例えば、タックス・ヘイブン対策税制における適用除外要件（平成29年度改正後は「経済活動基準」として定式化されていますが、この事件は平成28年度税制改正前の事件であり、適用除外要件と呼ばれていた時代でした。）の立証責任についても、課税当局が負担するものとされています（東京高判平成25年5月29日税務訴訟資料263号順号12220）。適用除外という語感からは、それがある場合には例外的に課税されない、という要件として、納税者側が立証責任を負担しても良さそうに思えますが、裁判例は、タックス・ヘイブン対策税制が、法人格の異なる海外の法人の所得を合算課税する異例ともいえる税制であること等から、このような判断をしたものです。それくらいに、「課税当局が原則として立証責任を負担する」という考え方は、裁判所では強いといえましょう。

裁判になると、このように、原則として課税当局側が立証責任を負担するのですが、税務調査の場面では、むしろ、納税者側が諸々の事実を立証する責任を負っているかのような「雰囲気」が漂ってはいないでしょうか。しかし、仮に税務調査で話し合いがつかず、更正処分を経て最終的には訴訟までが想定されるような場面では、訴訟になった場合に、どちらが立証責任を負担するのか、という点は、きちんと押さえておく必要があると思います。いわゆる「ゴールを見据えて考える」という思考方法です。そうすると、訴訟になれば、課税要件に該当する事実については、課税当局が立証責任を負うわけですから、税務調査に対応するに当たっても、「課税当局側はそういうけれども、そのような事実は証拠によって立証できるのか」という意識を常に持っておくことが有効でしょう。そのような意味で、税務調査に対応する経理部門や税理士の方々にも、立証責任という考え方の基本を押さえておいていただきたいと思います。

5 事実認定における「法律家の良識」について

(1) 自由心証主義と裁判官の良識

事実認定は、さまざまな証拠や事情を総合考慮して行われるものです。そして、裁判官もまた、人間ですので、同じ証拠を見、証言を聞いたとしても、最後、どのように事実を認定するのかは、個々の裁判官に委ねられています（このことを、民事訴訟法の世界では、裁判官の自由な心証に委ねられるという意味の、「自由心証主義」という言葉で呼んでいます。民事訴訟法２４７条参照。）。

そのように、最後の最後は、個々の裁判官の個性、大げさにいえば人格に基づく判断、ということになるのですが、一つ一つの事件は、当事者本人に取ってみれば、非常に重要なものです。そこで、やはり裁判官の判断は、「良識」に基づくものであってほしい、というのが訴訟当事者、広くは国民一般の願いということになろうと思います。筆者は、日本の裁判官は、全般的に見て、信頼を寄せることのできる方々だと思っています。ここでは、その一例として、著名なタックス・ロイヤーから最高裁判事に就任された、宮崎裕子裁判官の所属する、最高裁第三小法廷の判決を二つほど、見てみようと思います。いずれも、固定資産税に関する事件です。

⑵　最判平成30年7月17日裁判所ウェブサイト掲載

本件は、京都市所在の土地の所有者が、土地の登録価格を不服として京都市固定資産評価審査委員会に審査の申出をしたところ棄却されたため、委員会決定の取消しを求めて、京都市を相手取って取消訴訟を提起した事案です。

建築基準法は、同法第3章の規定が適用されるに至った際に現に存在する道で、幅員4メートル以上のものを道路とする旨定めています（同法42条1項柱書・3号）。ある土地が、建築基準法42条所定の道路（以下「42条道路」といいます。）に接していない場合、接道義務を充たさないために原則として建築物を建てることができません（建築基準法43条1項本文）。したがって、その分だけ、土地の価値は下がると考えられます。

本件では、問題の土地の西側に接する街路（以下「本件街路」といいます。）は、建築基準法42条1項3号所定の道路に該当するとの京都市長による道路判定（以下「本件道路判定」といいます。）がなされていました。これに対して、納税者は、本件街路は42条道路には該当しないと主張しました。しかし、原審の高裁判決は、本件道路判定は行政処分としての拘束力を有することから、所定の方式による取消訴訟を経ない限り、本件街路が42条道路に該当しないものとして取り扱うことはできないとして、納税者の主張を斥けました。

ところが、最高裁は、本件道路判定は行政処分としての拘束力は有しないと判断して高裁判決を破棄した上、本件街路が42条道路に該当するか否かの事実関係について審理を尽くさせるため、本件を原審に差し戻しました。

(3)　最判平成31年4月9日裁判所ウェブサイト掲載

本件は、現況が調整池となっている土地につき、宅地として評価して固定資産税が賦課されたことにつき、納税者が争ったというものです。

原審の高裁判決は、問題の土地は、都市計画に係る開発許可との関係で、近隣のショッピングセンター所在の宅地と一体として見るべきこと等を理由に、問題の土地は宅地と評価されるものとし、納税者の主張を斥けました。

しかし、土地の実態はといえば、調整池として水が溜まっていたのです。水が溜まっており、居住できないはずの土地を「宅地」と評価して課税することには、素朴に見て、違和感があります。

やはりというべきか、最高裁は、原判決は、問題の土地に水が溜まっているという現況を考慮していない、と指摘し、事件を高裁に差し戻しました。

(4) 二つの判決から読み取れるもの――良識に基づく司法判断

これら二つの判決は、原判決の事実の見方に最高裁が疑問を呈したケースと見ることができると思われます。

まず、(2)の事件ですが、控訴審判決は、建築基準法が適用開始された時期に本件街路が4メートル以上あったかどうかという点について原告が証拠提出した、昭和25年当時の地図に、幅員が3メートル以上あることを示す記号がないことを指摘する一方で、昭和21年当時の空中写真によれば、幅員が4メートル以上なかったともいえないと述べるなど歯切れが悪い部分があります。おそらく、原判決は、本件街路が当時、42条道路に該当していたのか否かについて確信がなかったのではないでしょうか。もし、事実として本件道路判定が誤っていた可能性が残る（すなわち、本件街路が42条道路に該当しない可能性が残る）とするならば、これを前提としていない固定資産評価（＝建物が建築できない、という点を考慮に入れない高い価額による評価）には、常識的に考えて、違和感が残らざるを得ません。

また、(3)の事件についても、宅地として評価された土地の実態はといえば、調整池として水が溜まっていたのです。水が溜まっていて、居住できない状況にあるのに、宅地と評価して課税することには、社会通念に照らして違和感があるでしょう。

アメリカ合衆国連邦裁判所裁判官を長く務め、アメリカ法の歴史上、最も著名な裁判官の一人であるオリバー・ウェンデル・ホームズ・ジュニア判事が、その著「コモン・ロー」において、「法の生命は、論理ではなく、経験であった」と語ったことは有名です。ホームズ判事のこの名言は、法は、一つ一つの事件の個性に照らした、妥当な解決を要請する、ということを含意するものではないでしょうか。最高裁第三小法廷は、⑵の事件と⑶の事件のいずれにおいても、事実関係に照らして違和感が残る控訴審判決をそのまま是認することは、事案の解決として妥当ではないと考えたのだと思われます。

これらの事件の審理に当たっては、著名なタックス・ロイヤーとして納税者に寄り添ってきた宮崎裕子裁判官の法律家としての良識が、何某か反映されたのではないかと推察しています。

事実認定の最後のよりどころは、裁判官の良識であると思います。これからも、日本の裁判所において、良識に基づく司法判断が積み重ねられていくことを期待したいと思います。

さて、第一章で租税法の解釈の基礎を学び、第二章では、事実認定の勘所をご説明しました。続く第三章では、税務調査で問題になりやすいいくつかの典型的な課税類型を取り上げて、法の解釈、事実認定という法的三段論法の使い方を、実践的な形で見てみたいと思います。

第三章

実践編

～法的三段論法のケース・スタディ

この第三章では、前章まででご紹介した法的三段論法の使い方を、税務調査で指摘を受けて、納税者側が反論していく場面を念頭において、具体的に「使ってみる」ことを試みたいと思います。

以下、税務調査でも問題になりやすい、①寄附金、②交際費等、③貸倒損失という、よくある課税パターンの場合に、法的三段論法を通じてどのように議論を進めれば良いのかをお示ししてみましょう。また、少し応用的な内容になりますが、近時話題の④組織再編成に係る行為計算否認規定、⑤同族会社の行為計算否認規定についても、触れてみたいと思います。

1 寄附金

税務調査で、「この支出は支払いの根拠が不明だ。寄附金だ！」と指摘されることは、本当によくあることではないかと思います。そんなとき、納税者としては、どう反論をしていくべきでしょうか。

法的三段論法を思い出してみましょう。法的三段論法とは、「大前提」である

「法令」に、「小前提」である「事実」を当てはめて、結論を出す、という思考方法でした。

では、大前提である「法令」を確認してみましょう。「寄附金」の意味内容を定める「法令」は、法人税法37条7項です。法人税法37条7項は、次のように定めています。

「寄附金の額は、寄附金、拠出金、見舞金その他いずれの名義をもつてするかを問わず、内国法人が金銭その他の資産又は経済的な利益の贈与又は無償の供与（…）をした場合における当該金銭の額若しくは金銭以外の資産のその贈与の時における価額又は当該経済的な利益のその供与の時における価額によるものとする」

この条文による定義のポイントは、「資産又は経済的な利益の贈与又は無償の供与」という点です。でも、これだけではまだ抽象的で、何が寄附金であるのかを判断する基準としては、物足りません。そこで、裁判例では、法人税法37条7項を前提とした上で、寄附金とは、①金銭その他の資産又は経済的な利益を対価なく他に移転することであり、②その行為について通常の経済取引として是認することのできる合理的な理由が存在しないものをいう、とする解釈が定着しています（近時の例として、第二章でも取り上げた、東京地判平成26年1月24日税務訴訟資料264号順号12394）。

キーワードは、①「対価性」と②「経済合理性」です。つまり、対価性もない、経済合理性もない、「どちらもない」という場合に、寄附金ということになるわけです。

課税当局は、彼らにとって理解の出来ない金銭の動きがあると、寄附金だ、という指摘をする傾向があるように思われます。課税当局の立場に立って考えれば、企業グループ内の利益移転によって税負担を圧縮する行為に課税当局として目を光らせる必要がある、ということで、やむを得ない面もあると思います。とはいえ、寄附金の指摘は、ときに、グループの「外」との取引にも及ぶことがあります。

しかしながら、利益を上げることを目的にしている営利企業が、理由もなくグループ外の他社に無償の利益供与をする、ということは、考えにくいように思います。営利企業である以上、お金の動きには、何らかの「対価性」や「経済合理性」が伴うことが通常でしょう。ただ、現代は、本当に経済が複雑化しており、さまざまなビジネスが存在します。そんな中では、その業界の人であれば「これはこういう意味のあるお金の動きで、寄附金に当たるはずがない！」と思えるケースであっても、業界関係者ではない課税当局から見れば、単なる不自然な金銭の動きにしか見えない、ということはあり得ると思われます。そうした場合、納税者は、課税当局の調査官に対して、法的三段論法に基づいて、ロジカルな説明を行い、「なるほど確かに寄附金ではないな」と納得してもらうことが必要です。

その際のキーワードが、先ほど述べた、「対価性」と「経済合理性」です。つまり、この取引には、対価性や経済合理性がある、だから寄附金ではないんだ、という主張をするわけです。寄附金という課税類型では、法的三段論法の大前提に当たるのが、「対価性も経済合理性もない金銭の流れは、寄附金である」というルールであり、これに対応する形で、小前提としての「事実」（対価性または経済合理性がある、という事実）を主張します。

小前提に当たる事実の説明については、課税当局側は、納税者側のビジネスの内容を詳しくは知らないことを前提に、自分たちにとっては当たり前と思われるような業界知識、業界慣行などからはじめて、丁寧に説明をすべきです。ここがうまくできずに、「寄附金だ！」、「いや寄附金じゃない！」という押し問答になってしまって、最終的には、権力を持っている課税当局側に押し切られる、ということになってしまいがちです。課税当局側も、もちろん課税するというミッションを負ってはいますが、無理矢理に課税しよう、とまでは思っていないはずです。きちんと理屈立てて説明をすれば、分かってくれることも多いと思います。課税当局に納得してもらえるかどうかは、納税者側の説明がうまくできるかどうかにかかっているとも言えます。弁護士は、法律家として、さまざまな資料を織り込み、組み立てつつ、事実関係を分かりやすく説明する、ということに慣れています。そこで、税務調査で寄附金かどうかの押し問答になってしまったような場合には、弁護士の助けを借りるのも、一案でしょう。

2 交際費等

次に、交際費等です。交際費等もまた、寄附金と並び、税務調査で指摘されやすい項目だろうと思います。しかも、交際費等に該当すると、原則として、「全額」が損金不算入となってしまいます（租税特別措置法61条の4第1項）。寄附金とは異なり、一定の損金算入限度額すらもありません。納税者にとっては、厳しい指摘の一つです。

それでは、また法的三段論法を思い出しましょう。大前提である法令に、小前提である事実を当てはめることになります。

まず、交際費等を定義する「法令」を確認しましょう。それは、租税特別措置法61条の4第4項です。同項は、以下のように定めています。

「交際費等とは、交際費、接待費、機密費その他の費用で、法人が、その得意先、仕入先その他事業に関係のある者等に対する接待、供応、慰安、贈答その他これらに類する行為〔中略〕のために支出するもの」

こういう風に定義されていますが、実は、この条文の読み方については、裁判例が2つの流れに分かれています。つまり、①支出の相手方が事業に関係する者等であること、②支出の目的が相手方との親睦を密にして取引関係の円滑な進行を図ることであること、という2要件で足りるとする裁判例の流れ（これを「二要件説」と呼んでいます。）と、これに加えて、③支出による行為の形態が接待、供応、慰安、贈答その他これらに類する行為であること、という3つめの要件を求めるもの（これを「三要件説」と呼んでいます。）とに分かれているのです。三要件説を採用した裁判例として、例えば萬有製薬事件（東京高判平成15年9月9日判例時報１８３４号28頁）があり、この事件では、納税者である萬有製薬側が勝訴しています。

このように裁判例が分かれている場合、どちらかを選んで立論することになります。選び方はなかなか難しいところですが、条文とにらめっこしてみると、三要件説の方が、条文の文言に忠実に、要件を拾い出しているように思われるところです。また、交際費等に該当するための要件が、二要件説よりも一つ多いので、その分だけ、交際費等に該当する範囲は、狭く限定されることになります。なるべく交際費等には当たらないでほしい、というのが納税者の立場ですから、その意味でも、三要件説に依拠して議論することが適当でしょう。

こうして、まず、大前提である「法令」とその解釈（三要件説）を抽出できましたので、次は、三要件説に、問題になっているケースの事実（法的三段論法の小前提）を当てはめていくことになります。ここで、参考になるケースとして、課税当局が交際費等であるとして課税をしたけれども、国税不服審判所の裁決で取り消された事例を見てみましょう、コニカミノルタ社のケースです。国税不服審判所の裁決はすべてが公表されているわけではなく、本件も、裁決自体は公表されていないようです。しかし、コニカミノルタ社のウェブサイトを見ると、以下のように経緯が記載されています（https://www.konicaminolta.jp/important/100423_01_01.html）。

「当社は、平成18年度の法人税額に関して東京国税局より受けた更正処分の一部に対して、国税不服審判所に不服申し立て（審査請求）を行ってまいりましたが、このたび国税不服審判所の裁決（3月26日付）において、当社の主張が認められ、法人税の更正処分及び重加算税の賦課決定処分（重加算税を含め約3億円）が取り消されました。

本件は、コニカミノルタフォトイメージング株式会社の中国撤退対策費（対象所得金額約7億円）について、国税当局より『交際費』とみなされ、更正処分を受けたことが、一部のマスコミにより『コニカミノルタ所得隠し』と報道された経緯にあるものです。

当社と致しましては、本件費用は事業撤退後も自動現像機器の保守サービスを顧客に対して継続するための正当な『事業撤退費用』であると主張し、国税不服審判所に審査請求を行い、今回の国税不服審判所の裁決に至ったものです。」

このプレスリリースを読んで、皆さんはどう思われるでしょうか。私は、コニカミノルタ社は、真っ当なことを言っているように思いました。

外国の事業から撤退をする場合、円滑な撤退のために費用が必要となる、というケースは、あるように思われます。そして、その費用支出が、コニカミノルタ社がリリースで述べるとおり、保守サービスを顧客に対して継続するためのものであったならば、三要件説でいうところの、②支出の目的が相手方との親睦を密にして取引関係の円滑な進行を図ることであること、③支出による行為の形態が接待、供応、慰安、贈答その他これらに類する行為であること、という要件を充たさないと思われるのです。

課税当局は、交際費等であるとする主張を広めに行うように見受けられます。これについても「交際費だ」「いやそうじゃない」という押し問答をしているだけでは、最後は権力者である課税当局側に押し切られてしまいます。三要件説を理解した上で、適切に反論していくことが肝要です。

3　貸倒損失

金銭債権について貸倒損失の計上を認めるか否かということについて、課税当局との間で問題になりやすいと思います。そこで、税務調査で、「この債権について貸倒処理をしているが、まだ回収できる、貸倒ではないだろう！」という指摘を受けた場合の対処方法について、検討してみましょう。

お馴染みになってきましたが、まずは、法的三段論法の大前提である法令の規定の確認からです。貸倒損失は、法律に遡って考えると、法人税法22条3項3号に定める「損失」の一つの類型と位置付けられます。

法令の規定だけでは、「どのような場合に貸倒損失の計上が認められるか」についての基準は分かりません。そこで、判例を見てみましょう。この論点については、序章でご紹介した興銀事件の最高裁判決が、次のように述べています（最判平成16年12月24日民集58巻9号2637頁）。

「法人の各事業年度の所得の金額の計算において、金銭債権の貸倒損失を法人税法22条3項3号にいう『当該事業年度の損失の額』として当該事業年度の損金の額に算入するためには、当該金銭債権の全額が回収不能であることを要すると解される。そして、その全額が回収不能であることは客観的に明らかでなければならないが、そのことは、債務者の資産状況、支払能力等の債務者側の事情のみならず、債権回収に必要な労力、債権額と取立費用との比較衡量、債権回収を強行することによって生ずる他の債権者とのあつれきなどによる経営的損失等といった債権者側の事情、経済的環境等も踏まえ、社会通念に従って総合的に判断されるべきものである。」

（傍線は筆者によります）

このように、判例では、貸倒損失が認められるためには、債権の全額が回収不能であることを要し、全額が回収不能か否かは、「社会通念に従って総合的に判断」すべきものとされています。

他方で、貸倒損失の認定については、税理士の先生方はご存知のとおり、通達も、比較的詳細に整備されています。そして、実務的には、課税当局は、通達に沿って、貸倒損失の計上が認められるか否かを厳密に判定します。傾向としては、貸倒損失の認定にはかなり慎重であると見受けられるところです。それゆえ、納税者も、売掛債権や貸付債権について貸倒れが生じたとして損金算入を検討する場合、後に税務調査で否認されないようにという配慮から、何度にもわたる督促を行い、場合によって裁判所の手続も利用するなど、相当に慎重な対応をすることが多いように思います。

確かに、貸倒損失の計上を安易に認めるべきではないでしょう。しかし、留意しておきたいのは、貸倒損失の計上を認めるか否かについての根本的ルールは、通達ではなく、上記の興銀租税訴訟最高裁判決が示した基準である、ということです。課税当局は、興銀事件の判例が示したルールによって貸倒損失計上の可否を判定することをはっきり否定はしないものの、本音の部分では認めていないように感じられることがあります。すなわち、課税当局は、伝統的に、「債務者側」の事情である資産状況・支払能力等は重視しつつも、「債権者側」の回収に要する労力や費用の点については、十分に考慮しない印象があるのです。また、「社会通念」という枠組みは、漠然としていて受け入れがたいというスタンスを有しているようにも思われます。

しかし、第一章で述べましたように、通達は、それ自体としては課税の根拠にはなりません。課税の根拠となるのは、法令と、法令の解釈を示す判例のルールです。貸倒損失も、通達の要件を充たさないと計上が認められない、というものではないのです。貸倒損失の計上が認められるか否かは、判例のルールである、社会通念に基づく総合的判断によって決まります。

社会通念に基づく総合的判断という枠組みは、実情に即した柔軟な判断を可能にするものです。それゆえ、課税当局から貸倒損失の計上を認めないといわれた場合、判例のルールに立ち戻って課税当局と議論することが、有効でしょう。

最後に、納税者サイドでの備えについて、留意点を一つ述べておきます。第二章で、立証責任について述べました。その中で、課税要件に該当する事実については、原則として、課税当局が立証すべきものとされているとご説明しましたが、これには例外もあります。貸倒損失の場合、その立証責任について最高裁判例までは無いようですが、学説上、通説とされる金子宏東京大学名誉教授の教科書では、貸倒損失については、納税者側が、貸倒損失の存在および金額について立証責任を負うものと解すべきであろう、とされています。[*4]

このような立証責任の観点も踏まえると、貸倒損失の計上に当たっては、判例の枠組みに立って処理するにしても、債権者側の事情、債務者側の事情を良く整理して、まとめておくことが必要です。備えあれば憂いなし、で、もともと、税務調査で議論になりやすい点ですから、最初に損失計上をするときに、きちんと検討しておきたいものです。場合によっては、貸倒損失の計上が可能である、ということについて、事実関係を整理した弁護士意見書を取得しておくことも、一計でしょう。

＊4　金子宏『租税法〔第23版〕』（弘文堂、2019）1112頁。

4 組織再編成に係る行為計算否認規定

次に、最近話題の、組織再編成に係る行為計算否認規定（法人税法132条の2）を取り上げてみましょう。後でご説明するヤフー事件で課税当局が勝訴して以来、税務調査で、行為計算否認規定を持ち出されることが、増えているようです。

まず、法令の規定を確認しましょう。

「税務署長は、合併、分割、現物出資若しくは現物分配〔中略〕又は株式交換等若しくは株式移転（以下この条において「合併等」という。）に係る次に掲げる法人の法人税につき更正又は決定をする場合において、その法人の行為又は計算で、これを容認した場合には、合併等により移転する資産及び負債の譲渡に係る利益の額の減少又は損失の額の増加、法人税の額から控除する金額の増加、第一号又は第二号に掲げる法人の株式〔中略〕の譲渡に係る利益の額の減少又は損失の額の増加、みなし配当金額〔中略〕の減少その他の事由により法人税の負担を不当に減少させる結果となると認められるものがあるときは、その行為又は計算にかかわらず、税務署長の認めるところにより、その法人に係る法人税の課税標準若しくは欠損金額又は法人税の額を計算することができる。

一　合併等をした法人又は合併等により資産及び負債の移転を受けた法人

〔二号・三号略〕」

長い条文で、これだけでも嫌になりますね。しかし、ポイントは、「その法人の行為又は計算で、これを容認した場合には、〔中略〕法人税の負担を不当に減少させる結果となる」という部分です。すなわち、税務署長は、法人税が「不当に減少」する場合には、納税者の行為又は計算を否認して、税務署長が認めるところによって所得・税額を再計算することができるわけです。

でも、「不当に減少」というだけではまだ抽象的で、判断基準となりにくいです。

そこで、この条文の適用が争われた著名な事件が、ヤフー事件です。ヤフー事件の最高裁判決は、以下のように判断基準を具体化しました（最判平成28年2月29日民集70巻2号242頁）。

「『法人税の負担を不当に減少させる結果となると認められるもの』とは、法人の行為又は計算が組織再編成に関する税制（以下『組織再編税制』という。）に係る各規定を租税回避の手段として濫用することにより法人税の負担を減少させるものであることをいうと解すべきであり、その濫用の有無の判断に当たっては、①当該法人の行為又は計算が、通常は想定されない組織再編成の手順や方法に基づいたり、実態とは乖離した形式を作出したりするなど、不自然なものであるかどうか、②税負担の減少以外にそのような行為又は計算を行うことの合理的な理由となる事業目的その他の事由が存在するかどうか等の事情を考慮した上で、当該行為又は計算が、組織再編成を利用して税負担を減少させることを意図したものであって、組織再編税制に係る各規定の本来の趣旨及び目的から逸脱する態様でその適用を受けるもの又は免れるものと認められるか否かという観点から判断するのが相当である」。

判例の説示は長大であり、理解は容易ではありません。2つの考慮要素として提示されている、①行為・計算の不自然性と、②事業目的その他の合理的理由の有無の2点が重要と思われます。ただ、判例の説示が末尾で述べる、関連規定の趣旨及び目的の理解も重要になってくるでしょう。また、究極的には、判例の説示の冒頭にあるように、「濫用」といえるか否か、という点が問題となるようにも思われます。

いずれにしても、税務調査で法人税法132条の2により否認すると告げられた場合、上記判例の基準を法的三段論法の「大前提」とした上で、「小前提」である事実関係をこの基準に当てはめて、反論していく必要があります。このような複雑な判例のルールを解読した上で、事実分析をして当てはめていくのは、やはり餅は餅屋、法律家である弁護士の得意分野です。判例の分析に長けた弁護士の活用が、特に望まれる場面でしょう。また、より慎重に対応するなら、税務調査よりも前、組織再編成を計画する段階でも、果たして行為計算否認がなされるおそれはないのか、弁護士意見書を取得する、ということも考えられます。

5 同族会社の行為計算否認規定

さて、本章を閉じる前に、法人税法132条の2と並んで、最近注目されている条文として、法人税法132条に、簡単にだけ触れておきましょう。法人税法132条は、同族会社の行為計算否認規定といわれ、税務専門家にはお馴染みの条文であると思います。その呼び名のとおり、同族経営のなされる会社での過度な節税行為を否認するための規定として設けられたものです。判例・通説においては、通常の経済人の観点から見て、不自然・不合理な取引であるかどうか、という点が、この条文の適用の判断基準になるといわれています。

ただ、最近、課税当局は、この条文を、同族会社と普通にいった場合にイメージする中小企業とは異なり、大規模な多国籍企業グループに適用する傾向が目立つようになりました。その例が、有名なIBM事件（東京高判平成27年3月25日判例時報2267号24頁）や、ユニバーサルミュージック事件（東京高判令和2年6月24日判例集未登載）です。いずれの事件も、納税者が勝訴しています（ユニバーサルミュージック事件は最高裁に係属中ですが、第一審、控訴審はユニバーサルミュージックが勝訴しています。）。やはり、同族会社の行為計算否認規定は、多国籍企業の複雑な取引を否認することを想定したものではないという事情もあり、この条文を適用しての否認は、裁判所には認められにくいように思われます。

もともとが、先に述べた組織再編成に関する行為計算否認規定も、同族会社の行為計算否認規定も、「伝家の宝刀」といわれ、やたらに抜くものではないのでしょう。納税者側は、これらの規定を適用するといわれた場合には、税務調査でもきちんと議論をしたほうが良さそうです。ただ、これらの規定を持ち出すとき、課税当局は、「本気」であることが多く、税務調査で反論しても指摘は取り下げられずに、最終的には訴訟に至ることも多いかもしれません。そこまで覚悟して戦うかどうかは、また重要な判断でもあり、弁護士に相談するのが得策のように思われます。

本章では、主に国内取引を念頭に置いて、法的三段論法のケース・スタディを行ってきました。次の第四章では、国際的な取引を対象とする「国際租税法」の分野について、法的観点をどのように活かすことができるか、見ていきたいと思います。

第四章

国際租税法
――法律家目線で見たいくつかのポイント

さて、第一章、第二章で法的三段論法の基礎をご紹介し、第三章では、主に日本国内の取引で問題となりやすい典型的な課税パターンをもとに、法的三段論法の具体的な使い方を検討しました。

第四章は、いわば応用編として、国際租税法の分野について検討してみたいと思います。なお、この領域は、「国際課税」「国際税務」といわれることが多いですが、前者は「課税」という課税当局側の観点、後者は、「税務」の用語が昔ながらの税務専門家の視点を思わせますので、法的な観点を強調する本書では、国際租税法と呼ぶことにしたいと思います。これは、法律家の養成機関であり、筆者も授業を担当した東京大学法科大学院での授業科目名や、その授業の教科書である増井良啓＝宮崎裕子『国際租税法〔第4版〕』（東京大学出版会、2019）のタイトルに倣ったものでもあります。

具体的には、日本企業が海外展開を図る場合に問題となりやすい、移転価格税制、タックス・ヘイブン対策税制について、裁判例を中心に法的な論点を概観した上、海外の子会社等が関係する外国法に基づく組織再編成、さらに、海外の課税当局の課税処分を訴訟等で争う場面に、法的観点からどのように対応していくかについて述べたいと思います。

1　移転価格税制—「比較可能性」の観点を中心に

(1)　移転価格税制の専門性

まず、移転価格税制です。おそらく、移転価格税制については、かなり特殊な分野だという認識を持たれる方も、多いのではないでしょうか。筆者自身も、実はそのように思う部分があります。実際に、課税当局の内部や、いわゆるビッグ4税理士法人においても、移転価格税制は、それだけを専門的に担当する部門が構成されるほど、専門性の高い領域です。

また、移転価格税制の分野では、仮に紛争になった場合にも、訴訟のほかに、相互協議という、国家間で二重課税を調整する手続が存在したり、また、納税者の予測可能性を確保するために、事前確認手続（Advance Pricing Arrangement, APA）が用意されています。特に近年は、国税庁自身が事前確認手続の利用を奨励していることもあり、利用が増加しているようです。その分だけ、移転価格税制の分野では、事前に問題解決がなされることが増え、事後的な課税処分が減り、さらに処分がなされたとしても、相互協議により解決されることも多く、紛争が訴訟に至ることは、それほど多くは無いようです。

このように、そもそも訴訟が少ないことや、移転価格税制の内容が専門的で高度であるため、裁判所は、移転価格税制の分野にはそれほど慣れ親しんでいないようにも思われます。その結果、訴訟の中で専門的な議論を展開してみても、語弊はありますが、「専門的な話だし、課税当局の専門家が分析したのだから、正しいのだろう」という感じで課税処分が是認されてしまうことが、無いとはいえないように思います。これは、かつては、租税訴訟全体についていえたことですが、最近では、租税訴訟が増加し、裁判所も、独自の判断によって課税処分を取り消してくれる傾向が強まりました。その中で、移転価格税制についてはまだ、全般的には、課税当局の議論を尊重する傾向があるのではないか、という気がします。裁判所の悪口のように見えるかもしれませんが、そうではなくて、弁護士である筆者にとっても、移転価格税制の専門家の、微に入り細を穿つ議論には、ついていくことが難しいということを自覚しています。

それでは、移転価格税制の分野で、法的思考を活かすことはできるのでしょうか。そのことについて、移転価格税制の訴訟で納税者が勝訴した数少ない事例をもとに、以下で検討していきたいと思います。キーワードは、「比較可能性」です。なお、移転価格税制については専門書がたくさんありますので、以下では、条文をいちいち引用することはせずに、本書の観点から重要と思われるエッセンスに絞って話を進めたいと思います。

(2)　事例研究

①　ディズニー英会話教材事件

1件目は、ディズニー英会話教材事件です（東京地判平成29年4月11日税務訴訟資料267号順号13005）。この事件では、第一審で納税者が勝ち、国側が控訴をせずに、そのまま確定しています。

原告は、国外関連者である兄弟会社から幼児向けの英語教材を輸入して日本国内で販売する事業を行っていました。具体的にいうと、ディズニー・ワールド・オブ・イングリッシュという、ミッキーマウスとかドナルドダックとかが出てきて、英語の勉強を子供の頃からやる、そういう教材です。これを訪問販売の形で売っている会社です。その会社が、国外関連者から輸入する英語教材の価格が高すぎて、その分原告の利益が圧迫されている、ということで、移転価格税制に基づく更正処分を受けました。

課税当局が使った独立企業間価格の算定方法は、再販売価格基準法といわれるものです。再販売価格基準法では、この事例でいうと原告が再販売する取引、具体的にいうと、日本国内で英会話教材を売る取引で得られた利益から、比較対象取引を基に算出される通常の利潤といわれるものを控除して、それをもって輸入取引の独立当事者間価格とするということになります。

その前提としては、これは移転価格課税の一番の肝だと思いますが、比較対象取引について、「比較可能性」がなければならないとされています。全然似ていない取引と比較して、それと比べて価格が高いからけしからん、というのは理屈として成り立ちません。それで、比較可能性が必要とされるわけです。

ただ、これだけ経済取引も複雑化した時代ですから、全く同じ取引で、比較対象取引として完璧だ、というものは、普通はないわけです。それで、課税当局は、何とか似たようなものを探してくるわけですけれども、税法もゆとりを持たせてはあって、問題の取引と比較対象取引とに多少の差異があっても、その差異の調整（差異調整）が可能であれば、差異調整を加えた後の割合をもって、比較対象取引として認めることとしています。

本件では、差異調整を課税当局が行ったのですが、それが適切であったかどうかということが問題になりました。

課税当局は、比較対象取引を見つけてくるに当たって、一般消費者に対する訪問販売という機能に着目して、訪問販売業界の企業に関する一覧的な公表資料を出発点として、一生懸命絞り込んで、最終的にはディズニー・ワールド・オブ・イングリッシュと同種又は類似の子供向け英語教材を訪問販売する3社を比較対象法人として選定しました。ただ、これらとの間には差異があるということで、一定の差異調整をしました。差異調整の詳細は省略しますけれども、考え方としては、本件では、キャラクターという無形資産が使われているところ、無形資産の価値の差は、ロイヤルティに表れるだろうということで、ロイヤルティ割合に関する数値を用いて、差異調整をしたものです。

しかし、裁判所は、この差異調整は適切ではない、その結果、3社は比較対象取引として適切ではないと判断しました。

その論拠は、非常にわかりやすいものです。どういうことかというと、ディズニーキャラクターの知名度・訴求力というのを、ものすごく判決は重んじています。この英会話教材で使われているディズニーキャラクターというのは、日本でも非常に知名度が高くて、顧客に対して強い訴求力があることは裁判所にも顕著であるとしています。

「裁判所に顕著」というのは、民事訴訟法上の用語なのですが（民事訴訟法179条）、その事実を認定するために、証拠が要らないという意味です。普通、裁判所で、ある事実の存在を認定してほしい、というときは、証拠を出さなければいけないのですけれど、証拠など要らないほど裁判所も知っていると、そういう場合には、証拠が不要になります。それぐらい有名だということです。個人的には、ここまで裁判所がいうのはなかなかすごいなと思いました。

その上で判決がいうには、課税当局側が用意した比較対象取引で使われているキャラクターは、本来的にライセンスの問題が生じるとか、ロイヤルティが発生するのかも、どうも明らかではない。そうすると、やはり、ディズニー・ワールド・オブ・イングリッシュの販売取引と比較対象取引との間には、使用するキャラクター、無形資産の知名度や顧客に対する訴求力において極めて大きな差異がある。そのようにいいました。

本件では、使用されている無形資産の知名度や訴求力に極めて大きな差異があり、その差異は、販売価格、売上高、広告宣伝費、販売費用、売り手との交渉力、ロイヤルティ等にも大きな影響を与えるものだから、それによって生ずる売上総利益率の差を適切に把握して差異調整を行うことは、困難であると判断しました。

おそらく、ここまでいわれてしまったので、ということもあるのだと思いますが、国側は控訴をしませんでした。移転価格課税のような大きな課税案件で国側が負けて控訴をしないという例は、なかなか珍しいと思います。

本件で筆者にとって印象的であったのは、やはり、比較対象取引を探すのは、大変なのだな、ということです。筆者は審判所にいたこともあって、国税関係の移転価格専門家の方と話す機会に、差異調整などということは本当にできるのですかね、という話を聞くことがありました。確かに、実際は難しいのだろうなと思うのです。

もともとが違う取引ですから、何かを足したり引いたり、それだけで差異調整というのはなかなか難しいところがあって、そこはどうしても、課税当局が劣勢にならざるを得ない部分があります。

これを逆からいえば、納税者側が、「比較可能性がないではないか」といって反論していく余地があるのではないか、ということです。そして、比較可能性があるかないかは、「事実認定」の問題ともいえるので、ここで、色々な資料をもとに、事実を説明していくという、法律家的な力が活かせるのではないか、というわけです。

② アドビ事件

次に、アドビ事件です（東京高判平成20年10月30日税務訴訟資料258号順号11061）。

この事件では、移転価格税制の世界で、「ビジネス・リストラクチャリング（事業再編）」といわれるものが問題になりました。

事業再編というと、M＆Aか何かかと思うのですが、移転価格税制の世界における事業再編というのはそうではなくて、ある時期に外資系の企業で流行った、それまでは日本に子会社を置いて、親会社↓子会社↓日本国内の販売先、という順番で、売買、再売買の取引をしていたのを、親会社↓日本国内の販売先、という商流に変更する、というものです。こういうことをする理由は、子会社が販売当事者となると、子会社にその分の利益が計上され、それについて日本の法人税が課されることを嫌うためです。商流を変更し、親会社が直接に日本国内の販売先に販売すれば、販売に伴う利益は、本国の親会社にのみ、帰属することになるわけです。こういったケースでは、子会社は、販売支援などのサポート業務のみを行い、親会社から、そうした業務に対する対価分だけを受領することになります。そして、子会社が受領するこれらの対価は、今まで子会社自身が販売機能を担っていた時代と比べれば、かなり少ないもので、その分だけ、日本子会社の課税所得は減少することになります。一種の租税回避スキームともいえるでしょう。

アドビ事件でも、このような事業再編が問題となりました。アドビは、従来は、日本子会社を通じて製品を販売していたのを止めて、海外から日本国内の販売先に直販をするようになり、日本子会社は、サポート業務だけを行うという体制になったのです。

これに対して、課税当局は、何とか対抗したいと思ったのでしょう、移転価格税制に基づく更正処分をしました。どういうことかというと、アドビの日本法人は、今は、外国親会社からサービス・フィーだけを受け取っているが、その金額が安すぎる、という指摘であり、その際に、比較対象取引として、アドビが従前やっていたような、親会社→子会社→日本国内の販売先、というやり方で売っている企業の取引事例を持ってきたのです。

しかし、アドビの取引形態は変更され、現在は、子会社は販売機能を担っていません。それなのに、販売機能を子会社が担っている取引形態の会社と比べるというのは、「比較可能性」を欠く、と常識的に見ても思われます。それでも、課税当局は、移転価格税制の専門的な議論を行って課税処分を正当化し、第一審の裁判所も、処分を是認しました。しかし、控訴審では、訴訟代理人がやはり常識的な考えに基づく主張を強力に行ったようで、常識的な線に基づいて、アドビの今の取引形態と、比較対象として持ってこられた取引とは、全然違う、比較可能性がない、ということで課税処分が取り消されたのです。

先に述べたように、第一審では、移転価格税制の専門的議論に基づき課税処分が是認され、控訴審では、移転価格税制を離れた、社会常識的な観点から結論が覆った、というのがこの事件の面白いところだと思います。裁判所は、移転価格税制だけを専門的に取り扱っているところではありませんから、専門的な議論の土俵で戦うと、勢い、課税処分どおりでよいか、ということになりがちなのではないでしょうか。これに対して、事実をベースとした争い方をすれば、裁判所にも響く、という印象を受けました。このような事件の経緯については、アドビの訴訟代理人であった弁護士の山本英幸先生の論文で詳しく触れられており、ここまでの記述も、山本論文を元にしたものです。深く勉強されたい方には、論文をお読みになることをお勧めします。[*5]

③　ホンダ事件

最後に、ホンダ事件です（東京高判平成27年5月13日税務訴訟資料２６５号順号

＊5　山本英幸「移転価格課税における比較可能性」自由と正義61巻2号34頁。

12659)。これは、宮崎裕子最高裁判事が、弁護士の時代に原告の訴訟代理人として担当された事件としても、有名です[*6]。

この事件では、ホンダのブラジル現地法人の営業利益が多すぎるのではないか、その分だけ、日本の親会社であるホンダの営業利益が減少しているのではないか、ということで、移転価格税制による課税処分がなされました。移転価格課税の手法には様々なものがありますが、本件で用いられたのは、残余利益分割法といわれるものです。これは、なかなかテクニカルなものですが、大まかにいえば、無形資産が関係する取引について適用され、無形資産と関係なく得られる利益（「基本的利益」と呼ばれます。）を日本法人と現地法人に配分した上で、無形資産から得られる利益については、無形資産に対する貢献度に応じて分割する、というような手法です。

ここで、外国法人の基本的利益がいくらか、を算定するに当たっては、比較対象企業を持ってきて、その利益率を見て算定することになっています。そして、本件では、比較対象企業として持ってこられたものに、「比較可能性」がない、とされたのです。

というのも、ホンダのブラジル現地法人は、「マナウス・フリーゾーン」といわれる、ブラジルの自由貿易地域に所在していました。マナウスは、アマゾンの森の中にある都市で、自由貿易地域として、税制上の優遇措置もあり、多くの日本企業が進出しているようです。

税制上の優遇措置がありますから、その分だけ、ホンダのブラジル現地法人の営業利益は高いものとなっていました。課税当局は、そこに目を付けて、日本の親会社にもっと利益を配分するべきだ、と考えて課税処分をしたのでしょう。そして、その際に、比較対象企業として、マナウスに所在する企業ではなく、ブラジル経済の中心地である、サンパウロ近郊の企業を持ってきたのです。

しかし、日本でいえば東京のような、経済の中心地にある企業と、自由貿易地域としての特色があるマナウス所在の企業とを比べるのは、経営環境が違い過ぎて、比較可能性がないように、社会通念上、思われるところです。それに、マナウスに

＊6　筆者も、中里実ほか編『租税判例百選〔第6版〕』（有斐閣、2016）に本件の解説を寄稿しており、詳細はそちらを参照いただければ幸いです。

は税制優遇措置があるために営業利益率が高くなっていると考えるのが自然であり、その点に目をつぶって、サンパウロ近郊の企業と営業利益率が同等であるべきだ、と考えるのは、やはりおかしいように思えます。

このような事情から、裁判所は、課税処分に用いられた比較対象企業には、比較可能性がない、という理由で、課税処分を取り消しました。

この事件で用いられた残余利益分割法は、移転価格税制の中でもとりわけ専門性の高いものです。それゆえに、移転価格税制に関する専門的な議論だけを行っていると、裁判所としても、課税処分どおりでもよいのではないか、という結論になりやすいように思われます。これに対し、本件では、「比較可能性」という、移転価格税制の専門家ではない法律家にとっても分かりやすい点が論点に据えられたことが、勝訴に繋がったのではないかと思われます。ここでも、法律家である訴訟代理人弁護士の力量が発揮されたのではないかと推察しています。

(3) まとめ

以上見てきましたように、移転価格税制は、なかなか難しい専門領域ですが、

「比較可能性」という、非専門家でも理解しやすい観点を軸に、勝訴に繋がった事例が複数見られるところです。今、移転価格税制の中心は事前確認（ＡＰＡ）にシフトしたようで、税務調査を経て課税処分が行われることも減っているようですが、それでも、これだけ中小企業も含めて海外取引が広がっているからには、移転価格調査が無くなるということは考えにくいところです。税務調査対応等に当たっては、比較可能性の点を念頭に置いて対応することが、一つの有効な対処法になるでしょう。

2　タックス・ヘイブン対策税制―適用除外要件とオーバー・インクルージョン

次に、移転価格税制と並んで、日本企業の海外進出に当たって問題となりやすい、タックス・ヘイブン対策税制についてです。

タックス・ヘイブン対策税制は、タックス・ヘイブン（租税回避地）を利用した租税回避行為に対処するためのものです。そのこと自体は、政策的には少なくとも一定の正当性を有すると思われます。ただ、日本企業の立場から見ると、海外で真っ当な事業活動を行っているだけなのに、タックス・ヘイブン対策税制に基づいて合算課税を受けてしまう、ということがあります。タックス・ヘイブン対策税制は、租税回避防止目的のものですから、現地で真っ当な経済活動を行っている場合には、適用されません（平成29年度改正以後は、経済活動基準、それより前は、適用除外要件という言葉で呼ばれているものです。本書で以下、取り上げる事例は、29年度改正前の事案であるため、「適用除外要件」という言葉で通したいと思います。）。ただ、その「真っ当な経済活動であるかどうか」が、課税当局と納税者との間で争いになりやすいのです。

納税者から見たもう一つのタックス・ヘイブン対策税制の問題は、オーバー・インクルージョンといわれるものです。これは、先に述べた適用除外要件の話と重なる部分もありますが、タックス・ヘイブン対策税制が幅広な網掛けとなっているために、本来は課税されるべきでない場合にまで、課税が及んでしまっている、ということです。

以下では、適用除外要件とオーバー・インクルージョンの問題に焦点を当て、事例を取り上げて論じていきたいと思います。

最初に、適用除外要件が争われた近時の代表例といえる、デンソー事件を見ていきましょう。

(1) デンソー事件

① 事案の概要

デンソー事件は、適用除外要件が争われ、納税者が勝訴した著名な事案で、多くの注目を集めました（最判平成29年10月24日税務訴訟資料267号順号13082)。この事件は、訴訟の展開もドラマチックなところもあり、少し詳しく見ていきたいと思います。

事案は、デンソーがシンガポールに地域統括会社を置いていたところ、課税当局がこれにタックス・ヘイブン対策税制を適用して合算課税をするという更正処分をし、これをデンソーが訴訟で争いました。第一審ではデンソーが勝訴しましたが、控訴審では、デンソーは逆転敗訴し、最高裁で再逆転勝訴となりました。

デンソーのシンガポール現地法人は、デンソーの立場としては地域統括会社ですから、主たる事業は株式保有業ではなく、タックス・ヘイブン対策税制の適用除外要件を充たすという前提で、合算を行わずに申告をしていました。そうしたところ、課税当局が、現地法人の主たる事業は株式の保有であるからタックス・ヘイブン対策税制の適用除外要件を充たさないということで、合算課税をする更正処分をしたということです。

タックス・ヘイブン対策税制では、タックス・ヘイブンにある法人であっても、そこにあることに意味がある（そこで事業活動を行うことに意味がある）ものについては、合算課税を行うのは適当でない、という趣旨から、適用除外要件を設けています。その適用除外要件の1つに、「主たる事業が株式保有業ではない」というものがありました。

それはなぜかというと、単に株式を持つだけであれば、別に日本でやればいいではないか、わざわざタックス・ヘイブンに置く必要もない。それなのにタックス・ヘイブンに会社を置いてそこで株式を持つというのは、ペーパーカンパニーを置いて租税回避をしているのではないかと、そういう趣旨から、株式保有業であれば適用除外とはしないということにしているわけです。

この点を踏まえて、本件では、「シンガポール現地法人の主たる事業が株式保有業であったのかどうか」という点が争点となりました。

② 訴訟の流れ

この訴訟の勝敗の流れは、次の表のとおりです。

本件訴訟	関連訴訟	原告の勝敗
第1審（平成26年名古屋地裁）		○
控訴審（平成28年名古屋高裁）		×
	第1審（平成29年名古屋地裁）	○
	控訴審（平成29年名古屋高裁）	○
上告審（本判決）		○

まず、第一審では、デンソーが勝ちました（名古屋地判平成26年9月4日税務訴

訟資料264号順号12524)。

筆者は、デンソー事件の存在自体、この第一審の判決で初めて知ったのですが、非常に妥当な判決だなと思いました。それだけに、その後、平成28年2月にデンソーが敗訴したということで、とても驚きました(名古屋高判平成28年2月10日税務訴訟資料266号順号12798)。

また、この訴訟の流れとは別に、課税当局は、最初に訴訟になった事業年度の後続事業年度についても、課税処分を同じようにしたわけです。それについてデンソーは、当然、また同じように争うということで、別の裁判が進行していました(前記の表で「関連訴訟」と書いているものです)。そちらの判決が平成29年に入って2つ出ました。まず、1月に名古屋地裁でデンソーが勝訴しました(名古屋地判平成29年1月26日税務訴訟資料267号順号12969)。その後、10月に、名古屋高裁でまたデンソーが勝訴しました(名古屋高判平成29年10月18日税務訴訟資料267号順号13077)。ちなみにこの高裁判決は、最高裁判決が出る1週間前に出たものです。わざわざそんな時期に判決を出したのです。既に、最高裁で翌週に判決が出ると報道されていましたので、その様子を見てから判決を出そうと考えてもおかしくはないと思うのですが、敢えて判決を出したということは、高裁の裁判官の方も、何か非常に思うところがおありだったのかなと感じました。

③　下級審判決の概要

具体的に各判決の中身を見ていきます。まず、最初の平成26年9月の第一審の判決を見ますと、デンソーは、現地法人の主たる事業は株式保有業ではなく、地域統括事業であると主張しました。そして、判決は、これを容れて、確かに、主たる事業は地域統括事業であって、株式保有業ではないから、適用除外要件を充たすということで、課税処分を取り消しました。

しかしながら、控訴審は逆転敗訴となりました。その理由は、株式保有業というのは、単に株式を持っているということではなくて、持っている会社を支配し、管理するための業務を含んでいる。つまり、地域統括事業は株式保有業の一環としてやっているだけなので、独立の業務とはいえないというふうに判断をされたわけです。要は、株価を高めるために地域統括事業をやっているというような言い方で、投資ファンドのようにも聞こえるわけで、違和感をぬぐえません。

また、判決を読むと、日本企業がシンガポールに法人を置いているのは、税負担軽減目的だろう、ということを詳し目に書いてあります。そういう見方が、暗に、判決に影響した部分もあるのかなと思います。確かに、節税動機もあるのかもしれないですが、シンガポールのインフラを活用するとか、そういう事業上の目的があってシンガポールに法人を設立しているのだろうと筆者は思っていますので、ちょっとここも違和感があるところではありました。

このデンソー敗訴の控訴審判決の後、先ほど述べたとおり、後続事業年度分の訴訟については、第1審も控訴審も、デンソーが勝ちました。

この後続事業年度分の訴訟の推移を見ても、既にデンソー敗訴の高裁判決が出ているのに、「地裁が高裁に逆らった」ようにも見えたり、最高裁判決の直前に高裁判決が出たりとか、なかなか印象的な展開ではありました。

④ 最高裁判決

最高裁は、デンソーの主たる事業は地域統括事業であって、株式保有業ではないという判決を出しました。

そのポイントは、筆者が見るところでは、3つあります。1つは、地域統括事業ということを正当に認識したということです。2つ目は、法の趣旨をきちんと捉えた判決であるということです。3つ目は、22年度改正をどう位置付けるかという問題があり、これは高裁でデンソーが負けた理由の1つですが、この点について適切に整理したということかなと思っています。

まず、1点目については、確かに、控訴審判決がいうように、地域統括事業として会社を統括したりマネジメントしていく中で、結果として配当額が増えたり、資産価値が増える、そういうことは当然あるのでしょうけれども、だからといって地域統括事業は株式保有業の一環というだけに尽きるものではなく、株主権の行使や株式の運用に関連する業務等とは異なる独自の目的、内容、機能等を有するものというべきであって、そういう業務が株式保有業に包含され、その一部を構成すると解するのは相当ではないと判断しました。ここは、実際のビジネスをやっておられる方は、納得しやすいでしょう。

2点目は、そもそもの法の趣旨に立ち返って考えてみると、株式保有業は適用除外要件を充たさない理由は、結局、株式の保有だけだったら日本でやればいいではないか。わざわざシンガポールでやるというのは、税逃れなのでしょうと、そういうことです。その点を踏まえて考えたときに、デンソーのシンガポール現地法人が行っていた地域統括業務というのは、地域経済圏の存在を踏まえて、域内グループ会社の業務の合理化、効率化を目的とするもので、当該地域において事業活動をする積極的な経済合理性を有することが否定できない、と指摘したわけです。要は、東南アジアのいろいろな会社の統括をやっているのだから、現地にあった方がいいでしょう、だから、シンガポールに会社を置いていてけしからんともいえないでしょう、ということです。

最後に、平成22年度税制改正（以下「22年改正」といいます。）との関係という論点があります。タックス・ヘイブン対策税制の22年改正で、統括会社の例外というものが立法的に設けられました。ただ、その条文の書き方が、株式保有業をやっている会社の中で統括会社をやっているものについては例外とします、という書きぶりになっています。つまり、株式保有業という大きな円があって、その内側に小さい円として地域統括事業があるという、そういう考え方で立法されているのです。そうすると、先ほどの高裁判決がいったように、地域統括事業というのは、株式保有業の中に含まれており、その一環である、という考え方も、22年改正の法律の書きぶりからすると成り立たないでもありません。確かに、法律を形式論理に従って解釈していくと、そういう理屈になるのも、筆者も法律家の端くれとして、分からないではないのです。

しかし、最高裁はそうは解釈しませんでした。では、どう考えたかというと、22年改正によって例外とされた統括会社というのは、主たる事業が株式の保有で、たまたま地域統括事業もやっています、といった会社を対象としていると。そうすると、そうではなくて、「主たる事業自体」が地域統括事業である会社というのは、そもそも22年改正が対象としたものではない。そして、デンソーの地域統括会社みたいなものは、そもそも主たる事業が地域統括事業なので、22年改正の対象ではないのだと、そういう理屈を示されたわけです。それはそれで、非常によくわかるかなと思います。

22年改正の例外とはまた別の例外を作ったというような感じかなと思いますが、いずれにせよ、22年改正をうまく位置付けないと、なかなかデンソーを勝たせるということはできないので、ここは最高裁としても、よくお考えになったということなのだと思います。

⑤ まとめと展望―ビジネスの実態を踏まえることの重要性

最高裁判決の意義ということを筆者なりに考えると、やはりビジネスの実態を正面から直視して、健全な経済・社会活動の妨げとならないような判断を示したということかなと思います。

そのときに、法律家ですから、形式的な法律論も無視するわけにはいかないのです。法律に書いてあることとか、改正の経緯についても整合的に説明がつくようにしながら、結論として不当なことにならないように柔軟に解釈した判決です。

タックス・ヘイブン対策税制の適用除外要件については、デンソー事件のみならず、係争事例は多いです。一時期、来料加工取引といわれるものも、ずいぶん何件も、訴訟で争われました。この来料加工取引は、ごく簡単にいえば、日本企業が香港現地法人を経由して、中国の華南地域の工場で製造を行う、というものです。香港は軽課税国ですので、節税目的が全くないことはないのでしょうが、基本的には、香港の英語人材を含めた都市インフラと、中国の安価な労働力とを二つながらに得ることを目的にした、一種のビジネスモデルといえるのではないかと思われます。ただ、課税当局の眼から見れば、たとえば香港子会社の事業が製造業と見られる場合には、「製造業にもかかわらず香港で製造をやっておらず中国に投げているではないか、実態がないペーパーカンパニーだ！」というような理屈から、タックス・ヘイブン対策税制の適用対象として課税がされていたのです。そして、裁判になっても、どうも、形式的には法令の定める課税要件を充たすので、納税者が負けることが通例でした。

しかし、やはり、来料加工取引のビジネスとしての正当性が認知されたからでしょう、平成29年度税制改正で、来料加工取引についてはタックス・ヘイブン対策税制の適用除外とする、立法措置が取られました。

これだけ経済が複雑化していますので、ビジネスの実態を捉えるといっても、税制立案当局、課税当局にとって困難な面もあるとは思われます。しかし、実態に合わない課税によって日本企業の活動が妨げられると、経済に悪影響を及ぼし、結果的に税収減にも繋がります。このあたりのビジネスの実態を分かってもらう、ということは、本書のテーマに関連付ければ、法的三段論法の小前提に当たる「事実」

を丁寧に説明する、ということに関係しています。税務調査等でタックス・ヘイブン対策税制の適用除外要件（現在では「経済活動基準」の充足性）が問題とされた場合には、必要に応じ、弁護士の力も借りることが適切かと思われます。

(2) 「国内的二重課税」事件―オーバー・インクルージョンの問題

これは、内国法人が、同じ所得について、二回の課税を受けた、という事件です（東京高判平成27年2月25日税務訴訟資料265号順号12612）。

具体的には、原告の内国法人が、ケイマン諸島に、タックス・ヘイブン対策税制の適用対象となる特定外国子会社等（平成29年改正前の用語）を有していました。その特定外国子会社等は、日本国内（東京）に支店を有していました。そこで、東京支店に帰属する所得については、国内源泉所得として、日本の税務署への申告・納付がなされていました（これが「一回目の課税」です。）。

ところが、課税当局は、この特定外国子会社等が既に日本で申告・納付をした国内源泉所得と実質的に同一の所得金額につき、特定外国子会社等が稼得した所得であり、タックス・ヘイブン対策税制を適用すれば、原告である内国法人に対して合算課税されるべきものであるとして、課税処分を行いました（これが「二回目の課税」です。）。

つまり、ケイマン諸島籍の法人が東京で稼いだ所得について、一回目は、このケイマン諸島籍の法人自体が日本で法人税の申告・納付をし、その後、同じ所得について、ケイマン諸島籍法人の株主である原告の内国法人が、タックス・ヘイブン対策税制を適用して合算課税された、というわけです。これを、中里実教授（政府税制調査会会長）は、「国内的二重課税」と呼んで、問題視しました。[*7]

当然、原告は、このような国内的二重課税には不服があり、訴訟で争いました。しかし、第一審・控訴審ともに、敗訴してしまいました。それは、結局のところ、「法律で二回課税するルールになっている以上、二回課税されても仕方がない」という理由によります。

確かに、法律家の端くれである筆者も、法律でそう書いてあれば仕方がない、と

＊7　中里実「外国子会社配当益金不算入制度導入の影響」中里実ほか編著『国際租税訴訟の最前線』（有斐閣、2010）366頁。

いうのは、基本的な考え方としては、理解できます（それは、第一章で述べた「租税法規の文理解釈の原則」の帰結でもあります）。しかし、そうかといって、この事件の原告に対して、「だから二回課税されても仕方ないのだ」と、正面切っていえるかといえば、やはり、そんなことはいえないな、というのが、法律家としての感覚です。つまり、法律は、確かに条文のルールが出発点ではありますが、条文をそのまま適用した結果、明らかにおかしいとか、納税者にとって酷である、というようなケースでまで、文字通りの解釈を貫かなければならないものだろうか、という点には、大いに疑問があるのです。第三章の最後に、法律家の良識という点について述べましたが、法の適用の結果というものは、良識に沿ったものでなければ、社会の信頼を得られないのではないでしょうか。その意味で、この事件で、ある種形式的な解決がなされてしまったことは、残念に思います。

この事件が一つの典型ですが、タックス・ヘイブン対策税制は、その網が比較的大きくかぶさっているために、本来は課税すべきでない場面にまで、課税される、という事態が起こりやすいように思われます。これが、オーバー・インクルージョン（過剰包摂）と呼ばれる問題です。裁判所は、タックス・ヘイブン対策税制に関する限りは、どうも、形式的な適用を貫いてしまう傾向があるように思いますが（来料加工の事案で納税者が敗訴していたのもその一例といえるかもしれません。）、納税者としては、明らかに課税されてはおかしい、という場面では、課税の結果は法の理念に反するのではないか、という観点から、法廷の場で争っていくことも必要かもしれません。

(3)　まとめ

このように、法律家の視点から見た場合、タックス・ヘイブン対策税制については、納税者側から見て、適用除外要件（経済活動基準）を充たしているかどうかという点につき、課税当局との間で紛争になりやすく、また、ときに、実態から見て課税の結果が明らかにおかしいという場面が生じる、という点が問題点としてあるように思います。これらの点については、税務調査での議論や、場合によっては訴訟を通じて問題を解決していくことが一つの選択肢になるでしょう。

3　外国法に基づく組織再編成―日本の会社法・法人税法と外国法の交錯

次に、法律家が活躍し得る国際租税法の一分野として、外国法に基づく組織再編成への租税法の適用、という問題をご紹介したいと思います。

日本企業の海外現地法人が、現地法（外国法）に基づく組織再編成（合併、会社分割等）の当事者となることが、増えています。

日本の法人税法には、組織再編税制といわれる領域があります。これは、税制がM＆A・組織再編を阻害しないことを意図した仕組みです。合併、分割等によって資産がある企業から別の企業へと移転した場合、法人税法の原則に従えば、譲渡益に対する課税がなされます。しかし、それでは、組織再編成を実行する企業はいなくなってしまいます。そこで、一定の要件を設け、組織再編成による資産の移転について、課税を繰り延べる措置が講じられています。これが組織再編税制です。

組織再編税制における合併、分割等の概念は、会社法からの借用概念です。したがって、会社法の理解なくしてこの分野の課税関係を検討することは不可能です。

そして、課税当局は、日本法に基づく組織再編成のみならず、外国法に基づく組織再編成についても、一定の範囲で、組織再編税制の定める課税繰延措置の恩恵を受け得るものと解しています。[*8] そこで、外国法に基づく組織再編成が組織再編税制の恩恵を受けられる「一定の範囲」とは何かという点が問題になります。

この点については、民間シンクタンクである日本租税研究協会に設置された国際的組織再編等課税問題検討会の報告書である「外国における組織再編成に係る我が国租税法上の取扱いについて」が詳しく検討しています。筆者も、(国税審判官に任命されたことに伴い退任するまでの間) この検討会の委員を務めていました。報告書のエッセンスは、外国法に基づく組織再編成が、日本法に基づく組織再編成の「本質的要素」を備えている場合には、組織再編税制が適用され得る、というものであり、実務上のスタンダードとなっています。

ここで、日本法上の組織再編成の「本質的要素」が何であるかは、組織再編税制

＊8　大阪国税局文書回答事例「英国子会社がオランダ法人と行う合併の取扱いについて」を参照。

における諸概念が会社法から借用したものである以上、日本の会社法の問題ということになるでしょう。その意味で、クロス・ボーダー組織再編の現場で生じているこうした問題は、会社法に通暁した法律家たる租税専門家、すなわちタックス・ロイヤーの活躍し得る領域の一つとなっています。筆者も、実際に、外国法に基づく組織再編成が日本の組織再編成の本質的要素を充たすものであるかどうかについて、弁護士意見書を依頼され、執筆することがあります。

4 海外での租税訴訟への対応

本章の最後に、海外での租税訴訟への対応について、少し触れておきたいと思います。日本企業の海外進出が進む中で、海外現地法人が進出先の国の課税当局から、納得のいかない課税処分を受けるケースが増えているようです。特に、東南アジアなどの発展途上国の場合には、必ずしも日本のように成熟した課税当局が存在するわけではなく、移転価格税制などの本来はかなり専門的な知見を要する税制に基づく課税が、十分な理屈を伴わない乱暴な形で行われるケースも、少なくないように見受けられます。そのような際、どのように対応したら良いでしょうか。

まず、税務調査で指摘を受けているという段階なら、普段から、現地での税務申告について現地の税務専門家（税理士等）に委嘱しているでしょうから、まずはそこに対応してもらうことが考えられます。ただ、税務調査でも話し合いがつかず、行政上の不服申立てや訴訟を検討するようになると、やはり、弁護士が必要となってきます。弁護士の資格は、国ごとに別々ですので、海外であれば、現地国の資格を有する弁護士への委嘱が必要となります。

このような場合、納税者企業が自身で現地の弁護士を探すことができればよいのですが、自社でそのような伝手が無い企業も、少なくないのではないでしょうか。そのような場合、日本の法律事務所で海外にもネットワークを持っているところに依頼し、現地弁護士を紹介してもらう、ということがあり得ます。

また、このようにして現地の弁護士を選任した後は、現地の法的手続ですから、基本的には現地弁護士に任せるしかないのですが、日本本社サイドからのコントロールをしたいという需要があり、日本本社側でも、日本の弁護士を起用して、日本の弁護士を通じて、現地弁護士とコミュニケーションをとりたい、という需要があることもあります。その背景には、専門的な内容についての英語でのコミュニケーションの問題や、やはり地理的に遠い日本から現地弁護士をコントロールしようとする場合に、「なめられる」ことを避けるために、日本の弁護士を通じてコミュニケーションをしてもらった方が良い、という考え方などがあると思われます。このあたりをどのようにアレンジするかは当事者である企業次第ですが、筆者の経験上、少なくとも海外での法的な紛争に慣れていない企業の場合には、日本の弁護士が間に入った方が、色々な面でうまくいくようにも感じています。

このように、海外に進出する日本企業は、海外の法律事務所とのコネクションを有している日本の法律事務所と普段から関係を構築しておくことや、もし自社で直接現地の法律事務所とのネットワークを維持・構築できるならばそのようにしておくことが、いざという場合への備えとして、有効であるといえるでしょう。

5　本章のまとめ

本章では、日本企業の海外進出に伴って問題となりやすい分野を中心に、法律家の目線による見方をご紹介してきました。国際租税法については、国税庁やいわゆるビッグ４会計系の税理士法人に、高度の専門知が蓄積されていますが、それに対して、多少なりとも「もう一つの見方」をお示しできていれば幸いです。

第五章

租税法と他の法分野とのクロスロード

さて、本章では、今までとは趣向を変えて、租税法と関係すると思われるいくつかの法分野を取り上げて、それらの法分野と租税法との関係について考えてみたいと思います。

租税法は、法律学の世界では、応用分野であるとか、総合科目であるとかいわれることがあります。それは、人が何をするについても、税金はついて回るということによります。そこで、税務専門家にとって、租税法と関わる法分野について知っておくことは、それらの法分野に関わる実務上の問題が出てきた場合に、それらの法分野に詳しい弁護士にも意見を聞いた方が良いのではないか、という「アンテナ」を持っておく意味があるのではないかと思います。

また、本章では、これまでの章でご説明してきた内容について別の角度から取り上げ、いくつか（手前味噌ですが、筆者が関係したものも含めて）ブックガイド的に書籍もご紹介したいと思います。ここまでの内容を改めて見直し、深めていただくきっかけとなれば幸いです。

それでは、早速内容に入っていきましょう。

1　憲法

まずは、憲法です。いうまでもなく、日本の法体系において頂点に位置するのは、憲法であり、憲法は、租税法とも強い関係を有しています

それは、既に序章や第一章で述べましたとおり、憲法が、租税法律主義を定めているからです（憲法84条）。特に、租税法律主義から導かれる「租税法の文理解釈の原則」や、通達がそれ自体としては課税の根拠とならないことなどは、実務の上でも重要です。この点については、ぜひ第一章を振り返ってみていただきたいと思います。

また、憲法は、権力の行使に一定の制限をする法であり、課税は、正に権力行為の代表的なものですから、課税の正当性を争う場合に、憲法を援用することがあり得ます。少し昔になりますが、東京都が導入した「銀行税」を争う訴訟では、憲法の定める法の下の平等原則（憲法14条）が援用されました。

普段の租税実務において憲法に遡ることは多くはないですし、むしろ、何でもか

んでも憲法論に持っていくのは、議論が大味すぎて、好ましいことではありません。あくまでも、個別の租税法上の議論を行うことが王道ではあります。しかし、やはり、憲法が租税法を大本で支えるものであるというのも事実であり、そのことを意識しておくことは、不当な課税処分を避けるためには、重要なことであると思います。

2 民法

次は、民法です。人々の間の権利義務を定める法ルールを「私法」と呼びます。そして、課税は私法上の法律関係に基づいて行う、という原則があることは、序章や第一章、第二章でご説明したとおりです。民法は、その私法の代表に位置付けられるものです（その他の私法としては、商法、特に会社法が重要です。会社法については次に述べます。）。したがって、民法は、租税法の問題を考える前提として極めて重要なものであり、金子宏＝中里実編『租税法と民法』（有斐閣、２０１８）という、そのものズバリの表題の分厚い論文集が刊行されているくらいです。

課税関係における民法の現れ方の代表例は、民法を基盤として成り立っている「契約」の内容が課税の基礎をなす、というルールが適用される場面です。この点については、第二章で取り上げた、航空機リース事件や日本ガイダント事件がその典型です。

ここでは、新しい事例として、民法の組合に関するルールが租税事件に影響した、塩野義製薬事件についてご説明しましょう（東京地判令和2年3月11日裁判所ウェブサイト掲載）。外国パートナーシップや組織再編税制が絡む複雑なケースですが、ここでの文脈に即して、できるだけシンプルに説明してみようと思います。

塩野義製薬（この事件の原告）は、英国領ケイマン諸島籍の特例有限責任パートナーシップ（Cayman Islands exempted Limited Partnership。以下「ＣＩＬＰ」といいます。）の出資持分を有していたところ、その出資持分の全て（49・99%。以下「本件ＣＩＬＰ持分」といいます。）を、原告の英国完全子会社に対し、現物出資（以下「本件現物出資」といいます。）により移転しました。

原告は、本件現物出資は適格現物出資（法人税法2条12号の14）に該当し、同法62条の4第1項の規定によりその譲渡益の計上が繰り延べられるとして、法人税等

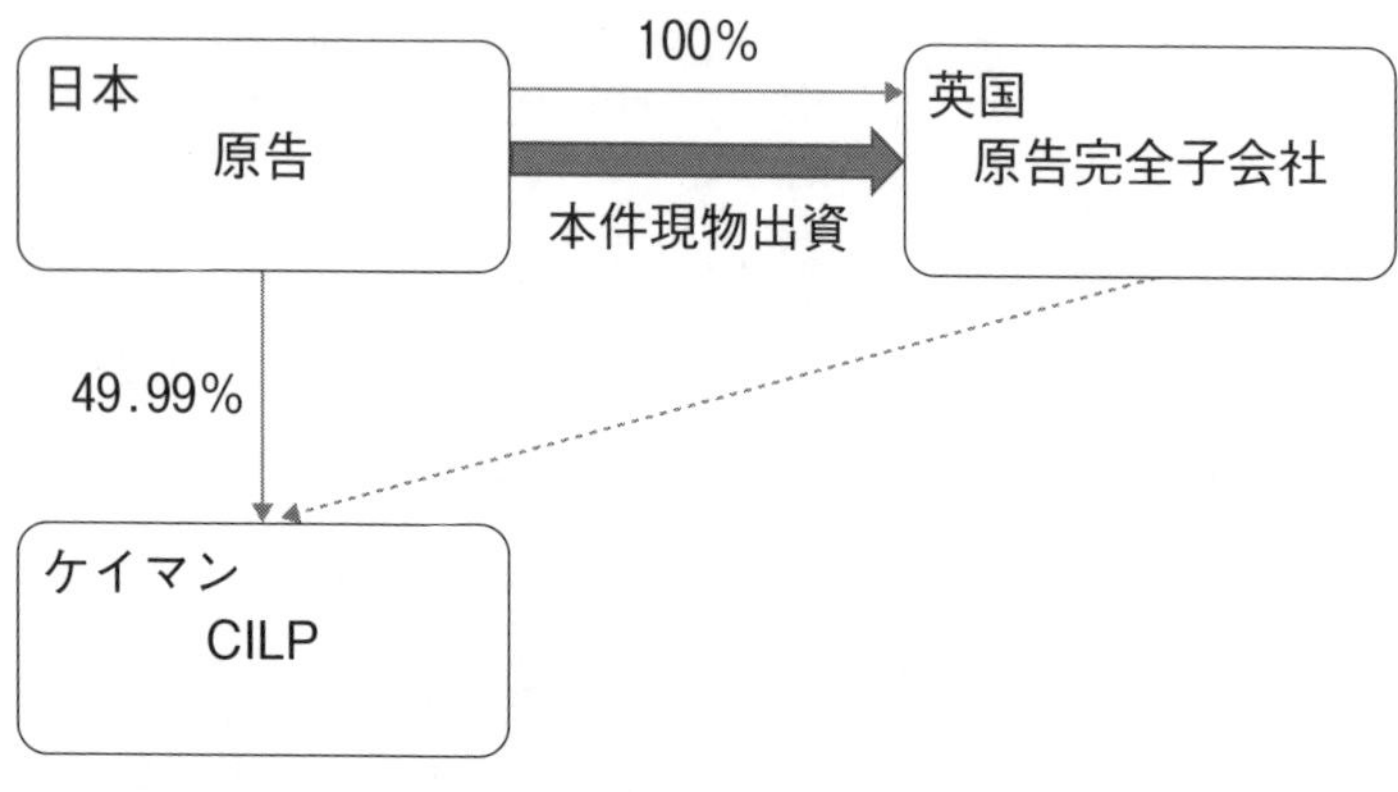

を確定申告しました。ところが、原告は、課税当局から、本件現物出資が適格現物出資には該当しないとして更正処分を受けたため、その取消しを求めて提訴したのです。

争点は、本件現物出資が適格現物出資に該当するか否かであり、具体的には、本件現物出資の対象資産が「国内にある事業所に属する資産」（当時の法人税法施行令4条の3第9項。現在の同条第10項）に該当するか否か、という点でした。すなわち、現物出資先が外国法人である場合において、現物出資の対象資産が「国内にある事業所に属する資産」であるときは、対象資産の含み益が日本で課税を受けないまま国外に流出してしまうことを避けるため、適格現物出資には該当しないものとされています（法人税法2条12号の14、同法施行令4条の3

第10項）。本件では、現物出資の対象資産が、「国内にある事業所に属する資産」であったかどうかが争われました。

この事件の前提知識として、ケイマン諸島籍のリミテッド・パートナーシップは、日本の民法上の組合に類似する事業体である、とする理解が一般的であり、裁判所も、このことを前提に、日本の民法における組合の法的性質をベースに判断をしました。

裁判所の判断の内容は、なかなか込み入ったものではありますが、敢えて要約すると、「組合は、民法上、株式会社のような団体性を有するものではなく、当事者間の契約という性質を有している。そのように組合が団体性を有していないことからすると、組合員が有している財産は、『組合員であるという地位』よりも、組合が有している組合財産に重点を置いて見るべきである」という考え方を（法的三段論法の大前提をなす、法令のルールとして）採用した、といえましょう。この考え方にしたがって、（法的三段論法の小前提である）事実関係を見てみると、組合財産は、本件では日本ではなく、海外にあった、と認定しました。そうすると、海外にある資産を別の海外の国に移した、ということですから、日本で溜まっていた含み益が課税されないまま海外に流出する、といった事態を防ごうとする、法人税法のルールは適用されません。そこで、現物出資の適格性が肯定されたのです。

この事件では、組合の民法上の性質が判断に大きな影響を及ぼしたといえるでしょう。このように、国際取引や組織再編成が関わる複雑な事案についても、租税法だけではなく民法に遡って考えることが必要となる場面は、少なくないのです。租税法における民法の重要性を物語っているといえるでしょう。

最後に、今まで、所得税や法人税を前提に話をしてきましたが、相続税・贈与税（資産税）の分野では、民法の中でも相続法といわれる分野のルールが、課税関係を考えるに当たって当然の前提となります。その意味で資産税においては、所得税や法人税と比べても、民法の知識がより直接的に必要となるといえるかもしれません。税務専門家に向けて相続法を基礎から説き起こした好著に、木村浩之『基礎から学ぶ相続法』（清文社、2020）があり、お勧めです。更に手前味噌になってしまいますが、筆者が監修し、木村浩之先生と木村道哉先生（両先生は親戚ではなく、たまたま、同じ名字でした。これもご縁ですね。）が執筆された、『租税弁護士が教える事業承継の法務と税務』（日本加除出版、2020）は、事業承継について、租税法と私法（相続法に加えて、事業承継と親和性の高い、M&Aに関わる会社法など）とを統合した解説を目指した本であり、参考となる面があれば幸いです。

3 会社法

そして、会社法です。会社法は、企業に関する法と言われる「商法」という法分野の重要な一角を占めるものです。商法全体が、課税関係を理解するに当たって重要なものではありますが（例えば、第二章で取り上げた日本ガイダント事件では、商法上の匿名組合が問題となりました。）、ここでは、その中でもとりわけ重要な、会社法に焦点を当ててみたいと思います。

会社法と租税法との関係といえば、筆者がまず思い当たるのは、組織再編税制の分野です。組織再編税制については、第三章の最後で、組織再編成に係る行為計算否認に触れる中で、少し言及したかと思いますが、会社法の定める、合併、分割、株式交換等の組織再編について、これを妨げることのないように、課税繰延べという効果を与える税制を指しています。組織再編税制における「合併」等の概念は、会社法からの借用概念です（借用概念とは、租税法が他の法分野から借り受けてきた概念のことです。第一章を振り返ってみてください。）。したがって、組織再編税制を理解するには、会社法の組織再編のルールについて、少なくとも大まかなところは知っておく必要があります。

次に、裁判例の世界を見てみましょう。まずご紹介したいのは、第四章の最後に触れた、ユニバーサルミュージック事件の第一審判決です（東京地判令和元年6月27日裁判所ウェブサイト掲載）。この判決では、同族会社の行為計算否認規定（法人税法132条）の適用に当たり、企業の行動に相応の合理性がある場合には、それが不当であるとして同族会社の行為計算否認規定を適用すべきではない、とする企業の裁量を尊重する考え方を示しました。これを見て筆者が思い出したのは、会社法における「経営判断の原則」という考え方です。経営判断の原則とは、企業の経営者である取締役には、経営判断の専門性・困難性を背景にして一定の裁量があり、その裁量の範囲を外れない限りは、仮に会社に損害を与えたとしても責任を問われない、という考え方です。ユニバーサルミュージック事件第一審判決は、経営判断の原則を、租税法の世界でも認めた、といえるもののように思われます。

このように、会社法との連続性を意識した興味深い判決もあるのですが、色々な裁判例を見ていくと、筆者にとっては残念ながら、会社法に関しては、課税関係の検討に当たってこれを尊重する、という考え方が定着していないように思われます。

例えば、近時の裁判例に、会社法上、別個の剰余金配当決議（別個の法律行為）に基づいて行われた二つの剰余金の配当について、別個の配当と見ることによって税額が増えたり減ったりする場合には、会社法上の決議とは関係なく、二つの決議に基づく配当を一体として見るべきとしたものがあります（東京高判令和元年5月29日資料版商事法務427号88頁）。また、グループ会社間での減資に当たって会社法（この事件のころは、会社法のルールが「商法」中に存在していたため、厳密にいえば「商法」）の規制によって、一定の上限までしか払戻しができないという制約があるにもかかわらず、その上限までしか支払わないのでは、対価として十分でない、したがって、受け取り側の親会社は、対価を負けてやったのだから、寄附金である、として課税をされ、裁判所もこれを是認した、という事例があります（東京高判平成26年6月12日税務訴訟資料264号順号12484）。筆者としては、これらの事件で、どうして会社法上のルールを無視することができるのか、しっくりません。個人的には、会社法と租税法との関係については、裁判例においても、もう少し議論を深める余地があるのではないか、と思っている次第です。

最後に、お勧め書籍です。会社法との接点を意識しながらまとめられた法人税法の教科書として、渡辺徹也『スタンダード法人税法〔第二版〕』（弘文堂、2019）があります。筆者は、東京大学法科大学院において、既に会社法を学んだ学生の皆さんに対して、それとの連続性を意識しながら法人税法を講ずる授業を行っていますが、その教科書として、この本を指定しています。渡辺教授は、組織再編税制の権威であり、コンパクトでありながら、理論的に高度な本です。

また、手前味噌ですが、筆者の編集した『税理士のための会社法ハンドブック〔2021年版〕』（第一法規、近刊）は、主に中小企業をクライアントとする税理士の先生方を念頭において、会社法の要所をまとめたものです。コンパクトにまとめることに重点を置き、詳細な分析をした本ではありませんが、会社法の本当の基礎知識の部分に不安がおありの場合には、参考になるかもしれません。

4 知的財産法

知的財産法とは、特許法、著作権法をはじめとする、いわゆる知的財産に関する法ルールです。企業活動には、切っても切り離させないものといえるでしょう。

知的財産法と租税法との接点というと、例えば、国際租税法の分野では、知的財産に係るロイヤリティ（使用料）の支払について源泉徴収義務が課されています。この分野については、手塚崇史『Q＆A知的財産権取引の国際課税・国内課税』（中央経済社、２０１０）が弁護士の手になる好著です。

ここでは、また、興味深い裁判例を一件、取り上げてみたいと思います。これは、知的財産高等裁判所（以下「知財高裁」といいます。）で租税事件が取り扱われ、しかも納税者が逆転勝訴したという、興味深い事例です（知財高判平成22年5月25日税務訴訟資料２６０号順号１１４４３）。

事案は、証券会社のグループ内におけるソフトウェアの開発に関するもので、なかなか複雑ではあるのですが、概要を紹介すると、以下のとおりです。

証券会社X（原告）は、かつて、自己の開発した証券業務用のソフトウェア（以下「旧ソフトウェア」といいます。）を、子会社のAに譲渡しました。その後、20年ほどの間、Aは、旧ソフトウェアを、年々、徐々に改良して、新たなソフトウェアを開発しました（以下「本件ソフトウェア」といいます。）。

あるとき、Xは、グループ外の企業であるBから、本件ソフトウェアを買い取りたい、という話を受けました。そこで、Xは、本件ソフトウェアをAから買い取ったうえで、Bに売却しました。

ところが、課税当局は、本件ソフトウェアについては、XとAの間の黙示の合意によって（第二章で取り上げた、「黙示の合意」です。）、20年にわたる開発の都度、改良ソフトが出来上がるたびごとに、順々に、AからXに権利が移っていた、と認定しました。それゆえ、「Xが、Bへの売却に先立ってAから本件ソフトウェアを買い取ると称してAに支払ったお金には、支払いの根拠がない、寄附金だ！」という課税処分をしたのです。

第一審では、課税当局の主張が認められました。そこで、Xは控訴したのですが、ここで、控訴先の裁判所として、東京高等裁判所ではなく、知財高裁を選んだのです。知財高裁は、司法制度改革の中で、知的財産に関する司法機能を強化するために設置されたもので、特許や著作権に関する専門的な訴訟を担当しています。そして、実は筆者もこの事件に接するまで知らなかったのですが、狭い意味での知的財産に関する訴訟以外にも、知的財産に関する点が重要な争点となっている事件について、知財高裁に審理してもらうことができるのです。おそらく、原告は、第一審では、ソフトウェア取引の実情を十分に理解してもらえなかった、と思って、知財高裁に事件を持ち込んだのではないかと思われます。

そして、その作戦は、功を奏しました。知財高裁では、Xの主張が認められ、Xが逆転勝訴したのです。

課税当局は、先に述べたとおり、本件ソフトウェアの著作権は、XとAの間の黙示の合意によって、開発されるたびごとに順々に、AからXに譲渡されており、XがBに売却しようと思ったころには、既にすべての権利がXに移転済みであったから、Aにお金を払う必要は無かったのだ、という主張をしていました。

しかし、知財高裁は、課税当局の主張によれば、Xが大昔に最初にAに譲渡した本件旧ソフトウェアの著作権はAに残ったまま、改良ソフトである本件ソフトウェアの著作権だけが、Xに移ることになり、権利の分属状態が生ずることになるが、そのような分属状態を生じさせるような合意が、当事者間にあるとは思えない、として、課税当局の主張を否定しました。その結果、本件ソフトウェアの著作権は、Aに残っており、Xはそれを買い取るためにAにお金を払ったのだ、ということで、寄附金課税の処分は取り消されたのです。

この判決のポイントは、「ソフトウェア開発の世界の常識として、権利を分属させるようなことは、あり得ない！」という判断にあるように思います。この種の紛争に精通した知財高裁ならではの判断といえるでしょう。

この事件からは、知的財産が関わる課税問題については、やはり前提として、知的財産の取引に関する常識、リテラシーが重要であることを学ぶことができます。私を含め、租税法は知っていても知的財産には必ずしも明るくない、という人であっても、「これは知的財産の専門家にも聞かないといけないな」ということが頭の片隅に上るくらいにはしておきたいものです。

5 労働法

いわゆる人事・労務については、企業では、人事部門が所管しています。経理部門や税理士のような税務専門家が直接タッチすることは、少ないかもしれません。けれども、人事・労務の問題に、税金の問題が関係することは、意外にあるように思います。人事・労務を規律する「労働法」と租税法との接点です。

例えば、親会社から子会社に従業員が出向した場合、その給与負担を親会社と子会社のどちらが行うべきでしょうか。日本企業の場合、子会社については親会社が面倒を見るべきである、という考え方も強いためか、素朴に考えて、親会社が子会社出向者の給与を負担すべきであると考えることもままあるように見受けられます。

しかしながら、出向者が労務提供をしているのは親会社に対してではなく、子会社に対してであるから、労務提供の対価である給与は、合理的な理由がない限り、子会社が支払うべきものとする裁判例があります（東京地判平成23年1月28日税務訴訟資料261号順号11604）。これに反して親会社が給与を支払った場合、寄附金課税の対象となるわけです。したがって、きちんとした理由がないのに親会社が子会社出向従業員の給与を負担している場合、親会社における給与支払について、税務上の損金算入が否定されることにもなりかねず、注意が必要です。

また、従業員と会社との間で、解雇を巡って争いとなり、労働審判に至ることがあります。そして、労働審判で和解による解決がなされ、和解条項の中で、会社が従業員に対して「解決金」として一定額の金銭を支払う、という合意がなされることもよくあります。

しかし、この「解決金」というのは、税務上どう取り扱うべきかに難儀するものです。それは、税金の世界では、支払われるお金が、法的にはどのような性質のものか、という点が重要であることが多いにもかかわらず、「解決金」という用語は、その法的な意味が曖昧だからです。

解雇が問題となった労働審判の過程を経て支払われる金銭は、事実経緯に鑑みれば、実際には、「退職金」としての性格を持っているとも考えられます、退職金であれば、これを支払う会社において、源泉徴収を行う義務があります。

他方で、「解決金」であれば、その法的性質が明らかではないので、（その実態が退職金であれば、源泉徴収を行うべきであるという議論はあり得ますが）表面的に考えれば、源泉徴収義務はないものとも考えられます。にもかかわらず、会社側としては、源泉徴収を行わなければ、後々税務署との関係で問題が生ずる可能性もあることなどを考えて、退職金として源泉徴収を行うというケースもあるようです。これに対して、従業員側は、解決金として源泉徴収なしに全額をもらえると考えていたのに、源泉徴収が行われて、手取りの金額が減ったとして、揉めることもあり得ます。

このような揉め事を避けるためには、和解条項においては、できる限り「解決金」という用語を使うことを避け、退職金、あるいは解雇に伴う損害賠償金など、法的性質を明らかにした用語を用いることが好ましいといえるでしょう。

このように、人事労務問題に伴って、税務上の論点が生ずるケースは意外にあるように思われます。先に労働審判で「解決金」という名目で合意してしまって、後になってから経理部門や税理士に相談されても、今さら、という感じで対応に困ることがあります。その意味で、人事労務問題についても、事前に、それが税金の問題を惹き起こさないかについて、うまく税の専門家と連携するような体制を構築しておきたいものです。

6 信託法

最後に、信託法と税の関係について触れておきたいと思います。

信託は、最近、高齢化社会における財産管理の手法として、注目を浴びています。10年ちょっと前に、私法である「信託法」が大改正されて、色々な可能性が広がりました。これに合わせて、税制面でも、「信託税制」の整備が行われました。

ところが、信託の実務家の間では、信託税制は、新しい信託法が作り出した豊かな可能性を封じてしまっている、という不満が大きいようです。

例えば、受益者連続型信託というものがあります。これは、例えば、旦那さんと奥さんと子供がいた場合に、旦那さんが、自分が所有する不動産について、奥さんの存命中は、奥さんに、不動産から上がる収益を受領することを内容とする受益権（収益受益権）を与えておいて、かつ、不動産の処分は禁止しておき、奥さんが亡くなった後は、子供に不動産丸ごとの受益権を与える、というようなものが想定されます。奥さん、次は子供、と順々に、旦那さんが自分で決めごとをできる点にメリットがあります。

この受益者連続型信託について、租税法は、少し奇妙なルールを有しています（相続税法9条の3第1項）。私自身は、信託税制には必ずしも通じておらず、このルールの解釈は、必ずしもはっきりしないところもあるとも聞くのですが、先ほどのケースではどうも、奥さんは、不動産から上がる収益受益権を有するだけで、不動産を処分する権限を有していないにもかかわらず、そうした制約なく丸ごと不動産を受け取ったかのように課税されることになるようです。これは、もらったものに比べると過大な課税、ということになると思います。

どうも、信託税制を設けた際、税制立案当局は、信託が租税回避に利用されることを過剰に警戒して、「網をかぶせ過ぎた」ところがあるようです。筆者はかつて、「信託と税制は不倶戴天の敵」という言葉を聞いたことがあります。言い得て妙です。確かに、信託は財産の保有や運用について柔軟な定めが可能ですから、租税回避に利用される可能性があることは、否定できません。

しかし、信託は、ヨーロッパ中世以来の歴史を有し、特に英米法系の諸国では、広く、財産承継のためのツールとして使用されていると聞きます。高齢化社会の日本でも、活用が期待されるといえるでしょう。私法が作ったせっかくの制度を、税制ががんじがらめにしてしまうとすれば、不幸なことです。信託税制については、立法的な改善の余地が多くありそうです。

信託税制については、この分野の権威である佐藤英明教授による、『新版　信託と課税』（弘文堂、２０２０）が重要です。また、少し専門性の高い本で、筆者も参加しているので手前味噌となり恐縮ですが、高橋倫彦編著『受益権複層化信託の法務と税務』（日本法令、２０２０）も参照いただければ幸いです。

7　本章のまとめ

本章は、租税法と関係する諸法の中から、筆者の経験に基づいていくつか興味深いと思われるものをピックアップして見てきました。他にも法律には色々な分野があり、例えば脱税事件になれば、刑事法が絡んできますし、また、租税法は学問上「行政法」といわれる分野の一部をなすものでもあるため、行政法の理論や判例も、租税法を理解するために必要になることがあります。租税法はやはり、総合科目なのです。もっとも、そうであるからといって、これだけ複雑化した世の中で、自分一人であらゆる分野についてわかっている、などということが実現できるとは思えません。やはり、広い視野やアンテナだけは持っておくよう心掛けつつ、いざというときには、その分野の専門家とコラボレーションすることが重要ではないかと思います。

終章

結びに代えて
——法律家の視点から見た租税実務のステップごとの留意点

本書を結ぶに当たって、これまで述べてきました法的な観点からのものの見方を、実際の租税実務にどのように活かしていくかについて、日常の対応に始まり、租税訴訟に至るまでのステップごとに、再確認しておきたいと思います。

1 日常の対応

税務調査等の「有事」になる前の、日常の段階（「平時」）で、どのような点に留意しておくべきでしょうか。その際キーになるのは、平時であっても、有事を意識した備えを行っておく、ということではないかと思います。

税務調査が入ったとき、まず見られるのは、「書類」です。課税当局の調査官が書類を見て、何か不審なところがあったときに、指摘に繋がるわけです。そして、それらの書類は、納税者が日常のビジネスを行う中で作成されるものでしょう。

そうすると、税務調査で問題になる（さらにこじれれば訴訟にまでなり得る。）ことを避けるためには、日常から、書類づくりにおいて、税金の面から見て問題が無いようにしよう、という意識を持つことが重要です。

まず、第二章で述べたように、契約書は、非常に重要です。契約書の記載内容は、基本的にそのままの形で、事実として認定される、ということを第二章で学びました。したがって、契約書を締結する際には、その内容が税の観点からも問題がないかどうか、チェックする必要があります。特に、親子会社間などのグループ内での契約書は、グループ内で利益移転がなされていないかどうか、という点から問題になりやすく、それにもかかわらず、身内の気安さで、きちんとチェックをされないことがままあり、注意が必要です。

また、会社であれば、意思決定を行う際に、稟議書や、取締役会・経営会議といった会議体の議事録を作成します。税の領域での意思決定の例を挙げれば、貸倒損失の計上や、保有株式についての評価損の計上、などの場面があるでしょう。これらの論点は、課税当局との間で、問題になりやすいところです。そこで、意思決定を行う際には、なぜ貸し倒れているといえるのか、株式の価値が下がっているといえるのか、という点について、稟議書や議事録にきちんとした検討経緯を記録しておくべきでしょう。

さらに、注意したいのは、メールです。社内外を問わず、連絡のほとんどは、メールで行う時代でしょう。税務調査でも、メールの記載が問題になることは、よくあることと思います。特に重要な取引を行う際には、社外とのやり取りは当然のことながら、社内のやり取りであっても、メールの内容が、誤解を招くようなものにならないよう、関係者が注意しておくべきものと思われます。

以上のような書類整備の重要性については、筆者が司会を務めた、税務弘報2020年10月号掲載の座談会（デロイトトーマツ税理士法人の野田秀樹氏、EY弁護士法人の竹原昌利氏と行ったもの）で詳しく取り上げていますので、ご参照いただければ幸いです。

2 税務調査対応

税務調査で見解の相違が生まれた場合、納税者としては、法的に整理した主張を課税当局に提示することが大切です。

その際、口頭でやり取りをしていても埒が明かないことが多く、また、その場限りで消えてしまって、課税当局で法的な判断を行う審理部門には、納税者の意見がきちんと届かないことも懸念されるところです。そこで、「意見書」のような書面の形で、法的三段論法に基づいて整理された意見を提示すべきでしょう。

法的三段論法に基づいて整理した書面、ということになれば、その作成については、法律家である弁護士に一日の長があるのは事実です。したがって、金額や影響度などの観点から納税者にとって特に重要な問題については、「弁護士意見書」を課税当局に提出することは、十分検討に値します。

ただ、やたらに弁護士意見書を提出することも、好ましくない面もあるかと思います。それは、やはり、弁護士が税務調査の場面に出ていくことは、最近は少なくなったとはいえ、伝統的には、それほど多くは無かったという経緯があるからです。また、あまり納税者の側の分が良くないな、と思われるケースでも弁護士意見書を提出していると、その弁護士の意見書が出てきても、課税当局に信用されない、ということになることも懸念されます。

法的に整理された書面であれば、いつも弁護士意見書である必要はないのです。したがって、場面に応じて、（作成に当たっては弁護士や税理士の助けを得るにしても）名義については納税者自身の名義による書面を提出したり、調査対応の前面に立つ税理士の意見書を提出したり、はたまた弁護士と税理士の「共同意見書」を提出するなど、ケース・バイ・ケースの柔軟な対応を行うことが望ましいように思います。そのような「場面に応じた柔軟な思考」も法的な思考の特色の一つでもあります。

3 国税不服審判所

税務調査で折り合いがつかず、更正処分を受けたが、これに不服である場合、国税不服審判所に対して審査請求を行っていくことが選択肢になります（なお、処分を行った税務署に対して「再調査の請求」を行う選択肢もありますが、行政上の不服申立てという点では審判所に対する審査請求と共通のところがあり、ここでは審判所の手続にフォーカスしておくことにします。）。

国税不服審判所は、国税庁の附属機関であり、第三者的立場で、課税処分について審理をする組織です。ここで、第三者ではなく、第三者「的」というのは、国税不服審判所自体が対外的な説明として、そのような立場をとっています。やはり、国税組織としては国税庁の一部であって、純粋な第三者ではなく、その意味で、中立性には限界があります。

筆者は、平成23年～平成26年の間、国税不服審判所に、民間登用の国税審判官として勤務をしました。そこでの経験から、国税不服審判所では、法令の解釈に争いのある事件よりは、個別の事件の事実関係について争いがある事件の方が、納税者が勝てるチャンスが大きいのではないか、と思っています。法令の解釈に争いのある事件であると、どうしても、課税当局に、裁判所での判断を仰ぐ機会を与えたい、そのためには国税不服審判所では納税者の請求を棄却せざるを得ない、という判断になることが少なくないように思われるのに対して、事実関係に誤認があった、ということであれば、個別事件の話にとどまり、税務行政への影響も少ない、という判断が「取り消しやすい」という感覚があるのではないかと思います。

この点に焦点を当てた本が、北村豊著『争えば税務はもっとフェアになる』（中央経済社、2020）です。国税不服審判所の最近の裁決事例の中から、事実認定で納税者が勝訴した事例を取り上げて、分かりやすく解説した本であり、国税不服審判所の審理の実情について知りたい方に、ぜひお勧めします。

4 租税訴訟

法的思考といえばやはり最後には、訴訟です。

訴訟の場で納税者の代理人となれるのは、弁護士に限られています。その意味で、租税訴訟は、弁護士が中心とならざるを得ませんが、税理士が「補佐人」として訴訟に関与する道があることも、ご紹介しておきたいと思います。この本でも述べましたように、弁護士は、（人にもよるものの）いわゆる「税務」の細部に至るまでを熟知しているわけではありません。それは、やはり税務の専門家である税理士の領域でしょう。その意味で、税の実務に詳しい税理士と、法的思考に長けた弁護士が協働するのは好ましいことであると思われ、税理士が補佐人として弁護士とともに訴訟に関与する実例も少なくなく、筆者自身も補佐人税理士の先生と共同で担当している事件があります。

筆者も、実際にいくつかの租税訴訟の代理人を経験していますが、租税訴訟は、租税法の理解はもちろんのこと、租税法以外の法領域も複雑に関係します。第五章ではややテクニカルになるので触れませんでしたが、訴訟手続に関しては、通常の民事訴訟のルールである民事訴訟法に加えて、国を相手取る訴訟である行政事件に特有のルールとしての「行政事件訴訟法」、さらには、更正処分等の課税処分を規律する国税通則法のルールも関係してきます。行政事件自体、普通、弁護士がそれほど多く関わるものでもないため、それらのルールを適切に理解し、対応するのにもそれなりの苦労があるというのが実感です。

5　租税法におけるルール・オブ・ローの進展を願って

租税法の専門家は、永遠に学び続けなければならず、それが醍醐味でもあるように思います。それはまた、一人の人間には難しいことでもあるので、多くの弁護士や税理士といった専門家が租税法に関心を持ち、納税者である企業や個人も、それらの専門家への依頼を通じて、専門家の育成に力を貸していただければと願っています。

本書を読まれて、具体的な事例をもとにして更に法的思考を深めてみたいと思われた方には、筆者の編著によるものですが、『実務に活かす！税務リーガルマインド』（日本加除出版、2016）をお読みいただければ幸いです。筆者は、東京大学法科大学院の「租税と諸法」という授業で、この本を教科書にして、納税者が如何にして法的思考を活かし、課税当局を相手に勝訴したかについて検討してきましたが、学生の皆さんにも概ね好評でした。

2020年の秋には、アメリカ連邦最高裁判所のルース・ギンズバーグ判事が亡くなり、アメリカのみならず日本でも、ギンズバーグ判事が、アメリカ社会の公正な発展に法律家として果たした役割が広く注目されました。権力者であっても、法に縛られ、権力の恣意的行使は許されない、とするのが英米法の伝統を流れる「ルール・オブ・ロー（法の支配）」という観念であり、ルール・オブ・ローの実現に重要な役割を果たすのは、裁判所を中心とした法律家です。このルール・オブ・ローの考え方は、ひとり英米法の世界でのみ妥当する原理ではなく、日本でも憲法学を中心に広く受け入られており、租税法学の第一人者である金子宏東京大学名誉教授は、ルール・オブ・ローが租税法の領域でも妥当することを強調されています。[*9]

人々の協働によって、租税における法的側面の理解が広く世の中に行き渡り、租税の世界でもルール・オブ・ローがより一層実現されることを希望して、筆を擱きたいと思います。

＊9　金子宏「ルール・オブ・ローと租税法」同『租税法理論の形成と解明　上巻』（有斐閣、2010）117頁以下。

【著者プロフィール】

佐藤 修二（さとう しゅうじ）

1997年東京大学法学部卒業。2000年弁護士登録。2005年ハーバード・ロースクール卒業（LL.M.TaxConcentration）。2011年～2014年、東京国税不服審判所国税審判官。現在、岩田合同法律事務所パートナー弁護士、東京大学法科大学院客員教授。著作に『実務に活かす！税務リーガルマインド』（編著、日本加除出版、2016）、『税理士のための会社法ハンドブック〔2021年版〕』（編著、第一法規、近刊）など。

租税と法の接点　**租税実務におけるルール・オブ・ロー**

令和２年12月４日　初版印刷
令和２年12月15日　初版発行

著者　佐藤修二

（一財）大蔵財務協会　理事長
発行者　木村幸俊

発行所　一般財団法人　大蔵財務協会
〔郵便番号　130-8585〕
東京都墨田区東駒形1丁目14番1号
（販　売　部）TEL03(3829)4141・FAX03(3829)4001
（出版編集部）TEL03(3829)4142・FAX03(3829)4005
http://www.zaikyo.or.jp

乱丁・落丁の場合は、お取替えいたします。　印刷　恵友社
ISBN978-4-7547-2840-3